壹

中華武術大觀

图书在版编目(CIP)数据

沙国政专辑:八卦狮形掌、形意鸡形拳、武当八仙剑/沙国政编著. —武汉:湖北科学技术出版社,2016.4
(中华武术大观)
ISBN 978-7-5352-8590-4

Ⅰ.①沙… Ⅱ.①沙… Ⅲ.①八卦掌—基本知识—中国 ②形意拳—基本知识—中国 ③剑术(武术)—基本知识—中国
Ⅳ.①G852.1 ②G852.24

中国版本图书馆 CIP 数据核字(2016)第 072853 号

责任编辑:谭学军 徐 竹　　封面设计:胡 博

出版发行:湖北科学技术出版社　　电话:027—87679468
地 址:武汉市雄楚大街 268 号　　邮编:430070
(湖北出版文化城 B 座 13—14 层)
网 址:http://www.hbstp.com.cn

印 刷:随州大同文化有限公司　　邮编:441300

787×1092 1/16　8 印张　4 插页　130 千字
2016 年 7 月第 1 版　2016 年 7 月第 1 次印刷
定价:38.00 元

沙國政

八卦獅形掌
形意鷄形拳
武當八仙劍

專輯

南粤出版社
长江出版传媒
湖北科学技术出版社

責任編輯　葉生剛　李慎謙　董陽　奕江
執行編輯　李慎謙
封面設計　洪清淇
攝　　影　孔可風　韋羣傑
插　　圖　張鴻保

書　　名　沙國政專輯　八卦獅形掌、形意鷄形拳、武當八仙劍
（中華武術大觀・壹）
編 著 者　沙國政
整　　理　韋羣傑　林鑫海　施琦　張明洪
聯合出版　湖北科學技術出版社
中國湖北省武漢市東亭路 2 號
HUBEI SCIENCE AND TECHNOLOGY PRESS
2 Dong Ting Road, Wuhan, Hubei, China
南粵出版社
香港域多利皇后街十號 **801** 室
SOUTH CHINA PRESS
Rm. 801, 10 Queen Victoria Street, Hongkong
發　　行　新華書店湖北發行所經銷
印　　刷　湖北省新華印刷廠
版　　次　1990 年 12 月武漢第 1 版　1990 年 12 月第 1 次印刷
規　　格　16 開（185×260mm）8 印張　4 插圖
國際書號　ISBN 7－5352－0666－2/G・137
定　　價　6.00 圓

1

1. 沙國政演練武當八仙劍之馬步抱劍（老名：洞簫橫吹）

2. 沙國政演練八卦掌之飛燕抄水

3. 沙國政演練仆步上截劍

4. 沙國政演練青雲劍

5. 沙國政演練梨花槍

2

3

4

5

6

6. 沙國政與北京體育學院老教授張文廣演練推手

7. 沙國政武術之家：左一爲四子沙駿傑，形意、八卦、太極、通背、散打，樣樣皆能；左二爲三女沙雲麗，專擅通背；左三爲二女沙雲鳳，專攻形意；左四爲長女沙橋鸞，擅通背、太極、八卦。

8. 1984年國際太極拳邀請賽在武漢舉行時，沙國政（左二）與楊式太極拳名家傅鍾文（右二）、楊振鐸（左一）在一起。

9. 第五屆全運會上，蘇自芳、胡寶林雙獲冠軍後與老師沙國政合影。

10. 1982年沙國政與李子鳴合影於八卦掌創始人董海川墓前

7

8

9

10

總　　序

中華民族，歷來文武并重，“乃武乃文”（《書·大禹謨》）。最初建立國家，都是以武來完成的。周武王於牧野誓師，號令：“稱爾戈，比爾干，立爾矛。”滅掉暴君商紂，立即“歸馬於華山之陽，放牛於桃林之野”。（《書·武成》）春秋宣公十二年，楚敗晉師於邲，楚子明確地指出：“夫文，止戈爲武。”接着進一步指出：“夫武，禁暴、戢兵、保大、定功、安民、和衆、豐財者也。”也就是“武有七德”的説法。武，不可一日廢，但決不提倡“耀武觀兵。”

古代教學，也是文武并重。《周禮·地官司徒·保氏》：“保氏掌諫王惡；而養國子以道，乃教之六藝。”其中“射”與“御”，即着眼於培育國防人才。《文獻通考·選舉考·武舉》：“漢興，六郡良家子，選給羽林期門，以材力爲官，名將多出焉。”《事物紀原·學校貢舉部·武舉》：“《唐會要》曰：‘長安三年正月十七日，詔天下諸州，宣教武藝，每年準明經進士，貢舉例送，此武舉之始也。’”漢、唐以後，歷代相沿。雖有起落，并未中止。

當然，今天的武術運動，只是整個體育事業中的一個組成部分。由於時代的推移，它的作用，應當賦予新的內容。在增强全民體質、提高世界武術運動水平的前提下，挖掘整理傳統套路和鍛煉方法；研討修身養性、攻防技擊等有效成果，以之公諸同好，作他山之助。

本叢書基於上述目的，分輯陸續出版。舉凡各門派有代表性之拳、械具鮮明特色者，兼收并蓄，百花齊放，四海一家，無分軒輊。

“天行健，君子以自强不息。”願八方風動，我武維揚。

《中華武術大觀》編委會

目　　録

自　　序

中華武術在世界上已嶄露頭角，出現了一股“武術熱流”。在祖國各地，武術運動正在全面發展，一些優秀的傳統武術套路，越來越受到普遍的重視與探求，國内外的武術愛好者們，都迫切希望見到這類武術專著出版面世，以便學有遵循，練有依歸。這是我在國内與國外的講學傳授活動中感觸最深的。

爲了滿足各方面讀者的需求，特將“八卦獅形掌”“形意鷄形拳”“武當八仙劍”三個傳統的内家拳械套路整理滙編成輯，奉獻給廣大的武術愛好者研習參考，願以此聊盡一個老武術工作者的心意。

這三個套路，都是我早年得自於前輩武術名家的親授，并結合自己數十年來的教學實踐與研究心得，不斷創新，反復錘煉，繼承前賢成就，吸取衆家之長，以一得之愚充實糅化於其中，意在使這些套路既保存傳統特色，又呈現一個嶄新的面貌，使之更好地符合當今武術運動不斷發展着的新形勢與新要求。

本書在編寫過程中，承蒙龎鴻志、施琦、尹維輔、全汝忠、章羣傑、張明洪、沙喬蘭、沙駿傑、林鑫海等同志大力協助，僅在此表示謝意。

沙國政

一九八八年春於昆明

前　　言

繼《太極拳對練》《形意散手炮》《形意大連環》和《健身益氣法》出版以來，沙國政老先生的這部新著又面世了。這是沙老對武術事業的無私奉獻！

沙國政老師是一位德高望重的武術老專家，早已馳名國内外武壇。他一生謙恭，只重事業，品德高尚，樂於助人，雖成就卓著，其艱苦奮鬥之歷程却鮮爲人知。作爲先生的弟子，我們願就所知略作簡介於前，以期有助於青年朋友們努力奮進，自强不息。

沙老師本名書謨，字國政，山東省榮城縣石島人，1904 年出生在一個貧民家庭。先生自幼習武，一生酷愛武術，青少年時代即步入社會，闖蕩江湖，爲尋訪各派名師高手，足迹遍涉祖國各地，先後投拜姜華亭、劉光興、畢樹村、翟樹珍、修劍痴、王者政、姜容樵等諸前輩名家爲師。先生天資聰穎，異常勤奮，刻苦用功，好學多悟，深得前輩師長的器重而受到傾心相傳，學到了内外家許多流派的各種拳術、器械套路及技法上百種，尤其是經過數十年如一日的苦心鑽研，練就一身精湛技藝，深入到武術的許多高層次領域，其學識之淵博，被同道們譽爲“武術倉庫”。尤以太極拳、形意拳、八卦掌、通背拳、武當八仙劍等諸技造詣最深，已臻於出神入化、爐火純青的境界。

沙老師二十一歲就當拳師，開始了武術教學生涯；早在 20 世纪 30 年代初，曾單槍匹馬走關東、赴朝鮮，憑着高超的武技去擔負護衛受難華僑離朝返國的任務，完成了驚人之義舉；抗戰勝利之初，受聘到原中央國術館芜湖分館任教。

中华人民共和国成立以來，沙老師一直活躍在全國武壇，在雲南培養出了一大批著名的武術尖子運動員及教練員，還培養出大批有成就的民間弟子；在全國各地，得到先生親傳者不計其數，其中不乏優秀人才。誠可謂“桃李滿天下”！近年來，沙老受委派或應邀，先後三次出訪日本，進行訪問講學和表演，講授太極拳、形意拳、八卦掌，深受日本朋友的尊敬與稱道，爲增進中日兩國人民之間的友誼灑下了辛勤的汗水；同時也爲中華武術推向世界做出了自己的一份貢獻。沙老現在已經是八十四歲高齡的老人，由於鍛煉不輟，修養有方，依然面色紅潤，神采奕奕，而且仍從事着繁重的武術教學、訓練與整理研究工作。還常常被邀請到各地登臺獻技表演，以滿足廣大武術愛好者的要求。

沙國政老師擔任雲南省武術隊教練多年．現在是雲南省武術館館長，國家級武術裁判，中國武術協會委員，中國體育科學學會武術科學研究會委員，雲南省武術協會副主席，還兼任《武當》雜誌顧問。由於成績卓著，曾兩次榮獲國家體育榮譽獎章，多次受到表彰獎勵！

沙老師一生勤奮，努力進取，思想開放，勇於創新，自覺破除門户之見的束縛，博採衆家之長融於一身，自成一體，完美地形成了自己的獨特風格，其動作之神韻使人爲之傾倒！先生更爲難能可貴的是，他對於傳統武術的繼承、研究、整理與創新，嚴守一條根本的準則，用先生自己的話來説就是：明規矩而守規矩，脱規矩而合規矩。這從本書三個套路中可以充分體現出來。如“武當八仙劍”和“八卦獅形掌”，是先生早年從山東王者政前輩學得；“形意鷄形拳”是從姜容樵前輩學得。先生對三者的取捨就有區别，“武當八仙劍”完全保存了傳統原式；“八卦獅形掌”和“形意鷄形拳”既保存有原套之精華，又做了充實并重新組編（其詳情在各套前面都有簡介）。據此足見先生治學態度之嚴謹。

本書三個套路的全部動作圖照，都是沙國政老師親自示範演練的。其中“武當八仙釗”後一部分的“劍對槍”，即劍的運用方法示例，是沙老之子沙駿傑持槍陪演的。全書三百多幅分解動作圖，體現出作者的精心編排。通過這些珍貴的圖照所展示出的不同拳種的不同風格特點，讀者將能更深入地研習著名老武術家所繼承并發展了的中華傳統武術之精粹。

我們有幸受師命參與協助本書的整理撰寫工作，這是我們加深學習的極好機會。但令人頗覺汗顏的是，先生獻出精湛之技藝，弟子缺乏傳神之筆力，誠恐難以準確表述先生傳授之精義。這是應當説明并向讀者致歉的。

韋羣傑　尹維輔　林鑫海

一九八八年春

一　八卦獅形掌

八卦獅形掌簡介

“獅形掌”是八卦掌中傳統的八大形之一。八卦掌的運動特點是：一走、二視、三坐、四翻。即：形如游龍的走，手眼相隨的視，勢如虎踞的坐，身如鷹旋的翻。

原來的獅形掌動作比較簡單，沙國政老師在傳統構架的基礎上，從突出雄獅的多種神形着眼，刻意求新，創編出一系列新穎别致的獅形動作，組編成新的“八卦獅形掌”套路。如：獅子劈球、獅子盤球、獅子撞球、獅子追球、獅子摇頭、獅子回首、獅子探爪、獅子抖翎、獅子反張口、獅子大翻身等，構思精巧，神形兼備，豐富并發展了傳統獅形掌的内容，并結合運用“滚鑽争裹”的内勁變化，更完美地體現出傳統八卦掌的特色。

這套“八卦獅形掌”的基本特點是：布局迴旋多變，姿勢舒展大方，動作瀟灑飄逸，氣勢雄奇壯觀。充分展示出作者自成一體的獨特風格。

八卦獅形掌譜

第一段
1. 預備式
2. 獅子托球
3. 獅子按球
4. 倚馬問路
5. 葉底藏花
6. 獅子張口(左式)
7. 獅子轉球
8. 獅子搏球(左式)
9. 獅子搏球(右式)
10. 獅子搏球(左式)
11. 獅子抱球
12. 獅子翻身

第二段
13. 獅子滾球(右式)
14. 獅子滾球(左式)
15. 獅子擋球
16. 獅子托球
17. 獅子提爪
18. 獅子蹬山
19. 獅子按球
20. 獅子搖頭
21. 獅子回頭
22. 獅子攫食(左式)
23. 獅子攫食(右式)
24. 獅子捧球
25. 獅子劈球

第三段
26. 獅子揉球
27. 獅子探爪
28. 獅子擺球
29. 獅子截球
30. 獅子踢球
31. 獅子反張口
32. 獅子盤球
33. 獅子撞球
34. 獅子抖翎

第四段
35. 獅子追球(右式)
36. 獅子追球(右式)
37. 獅子追球(左式)
38. 獅子追球(左式)
39. 獅子追球(右式)
40. 獅子撲球
41. 獅子回身
42. 獅子轉身
43. 獅子張口(右式)
44. 收式(獅子按球)

八卦獅形掌圖解説明

(1) 八卦獅形掌是在一個大圓圈形上面進行走轉演練的,現附示意圖如下,供習者參考。書中各式動作圖像皆不另附圈形,以省篇幅。

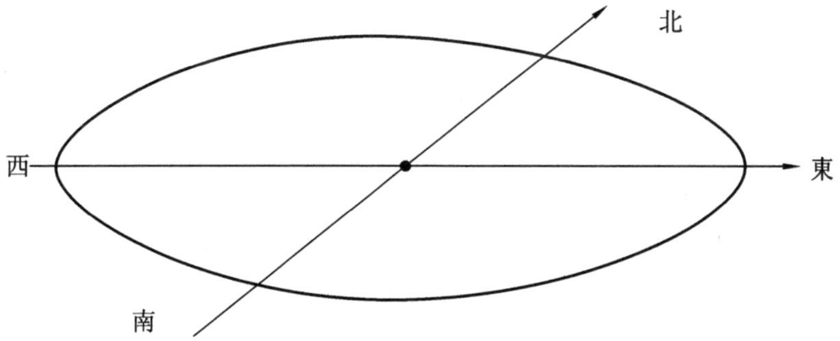

(2) 圖中的動態綫,表示從這一動作到下一動作的運動路綫、方向和部位。左手左脚動作用虚綫(-----►)表示;右手右脚動作用實綫(——►)表示。有的動態綫因動作旋轉變化多或受透視角度的限制,難以在畫面上準確完整地表達,但只要將圖文反覆對照,就不難揣摩出各式動作的運動特點及要求。

(3) 關於動作術語解釋:

手臂内旋、外旋:凡大拇指一側朝身體内側旋轉者,稱爲“内旋”;反之,凡大拇指一側朝身體外側旋轉者,稱爲“外旋”。不論手在何處,其理皆然。

脚尖内扣、外擺:凡脚前掌大趾一側朝身體内側轉動者,稱爲“内扣”;凡脚前掌小趾一側朝身體外側轉動者,稱爲“外擺”。不論脚在何處,其理皆然。

八卦獅形掌動作圖解

第一段

1. 預備式

面向南方自然站立，兩腿伸直，兩脚并攏，兩臂自然下垂，兩手輕貼於大腿外側，掌心向裏，指尖向下，大拇指側向前，目平視正前(南)方(圖 1)。

要點：

① 頭正頸直，下頜内收，空胸實腹，兩肩鬆沉，精神集中，面部表情自然，口自然閉合，舌頂上顎，斂臀沉氣，自然呼吸。

② 演練八卦掌時，場地上雖不必劃上一個大圓圈，但演練者心中必須明白自己在想象的圈上所處的位置，這樣才不致步位混亂。本式處於圓圈的正北側，兩脚踩在圈綫上，背朝圈外。

2. 獅子托球

(1) 右脚不動，左脚向左側横開半步立直，兩脚與肩同寬，脚尖向前；同時兩手始動：手指自然分開，兩掌同時外旋，指尖向下、掌心向前，仍停於體側；目平視正前(南)方(圖 2)。

(2) 上動微停，兩掌從體側向前、向上屈臂托起，與肩同寬，高與肩平，掌心向上，指尖向前；目平視兩掌之間(圖 3)。

要點：

左脚横開和兩掌外旋應同時動作，速度宜緩和；兩掌上托時，一要暗用托勁，二要配合吸氣；同時注意：頭頸正直，肩沉肘墜，上體舒鬆，重心穩固。

3. 獅子按球

上動不停，兩臂屈肘内旋使兩掌在胸前向内翻轉掌心向下，坐腕平掌按至小腹前，掌指相對，兩臂撑圓；同時，兩腿隨按掌勢屈膝半蹲；目平視正前(南)方(圖 4)。

圖1

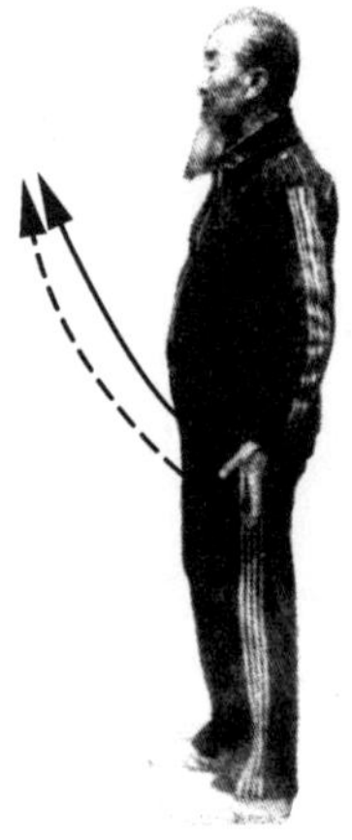
圖2

圖3

要點：

① 以上 2、3 兩式，即兩掌由托變按，是一個完整的起勢，前後動作要連貫；旋臂翻腕時，掌腕關節要輕鬆靈活；兩掌下按使用按勁，肘不可上揚，速度宜緩和，并配合呼氣，運氣下沉丹田。

② 演練八卦掌不論動作繁簡，尤應注重手眼相隨的“目視”法，這是沙老最傳神的特點之一。本起勢動作簡單，對目視也有要求：當雙掌托起時，目視兩掌；當兩掌緊接着由托變按，在胸前提臂翻掌變式時，沙老則是以炯炯有神的雙眸，緊緊隨視着兩掌在胸前的變化，待掌下按時，再將眼神由胸前徐徐展視正前方。

4. 倚馬問路

（1）上式稍停，兩臂不動，兩掌在腹前以腕爲軸，同時向前、向外，再屈腕向後向裏旋轉一週，掌心向上，指尖相對，仍抱於腹前；兩臂抱圓，兩脚不動；目視兩掌（圖 5）。

（2）上動不停，右脚向右前方 45 度角進一步，脚尖微向内扣，踩在圈綫内，膝部微屈；左脚不動，重心落在左腿；同時兩掌從腹前順右脚向右前上方斜行伸出，手臂微屈，掌心向上成仰掌，指尖向右前上方，右手在前在上，高與眉齊；左手停在右肘内側下約 10 厘米，高與胸平；目隨伸掌勢注視右掌（圖 6）。

要點：

旋腕轉掌動勢不宜大，只在兩胯前，動作節奏可稍快，并要腰脊同時協調運轉；伸掌和上步動作要協調，注意塌腰坐胯，呼吸自然。

5. 葉底藏花

上動微停，左脚向右脚前方沿圈綫上一大步，脚尖内扣；右脚不動，兩腿屈膝半蹲；同時上體向右擰轉，胸向圈外，右掌前臂内旋，屈肘反環抱於胸前，掌心向外，小指向上，拇指向下，反屈腕使指尖向左側；左掌隨左脚上步及上體右轉之勢，從右臂下向右腋下平穿，

圖4

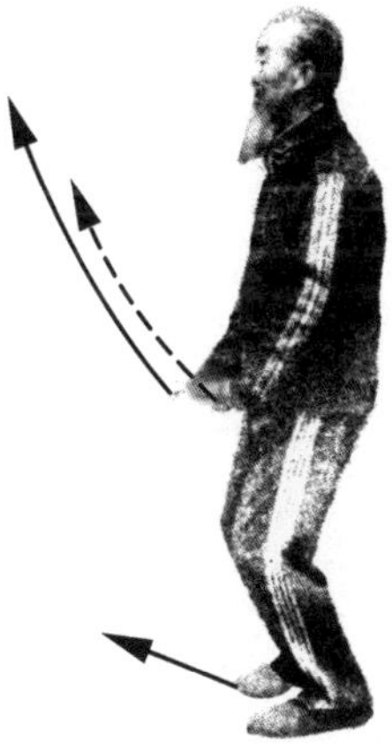

圖5

圖6

掌心向上，指尖向右，屈肘環抱於右臂下方；頭隨勢右轉，目視右肘尖（圖 7）。

要點：

上體向右後擰緊，脊柱要正；兩臂向外撐圓，不可貼身；兩膝內扣護襠，兩脚內扣成“八”字形；上下動作應協調。

6. **獅子張口（左式）**

（1）上動微停，兩脚不動，上體向左擰轉；同時左仰掌從右腋下經右臂下方向左上方斜行擺出，左臂微屈，掌心向上，指尖向左側前上方；右掌順左肘彎收於左大臂內側，同時手臂外旋屈於胸前，掌心向上，指尖向左；頭隨左手向左轉動，目視左掌（圖 8）。

（2）上動不停，左手繼續向左後平行擺移，手臂微屈，掌心向上，指尖朝向圓圈中心，高與肩平；同時右手繼續從左大臂內側經胸腹前向右、向下落，接着向右側上方內旋使掌心反向上輪擺托起，虎口對左掌，架撐於右側頭頂上方，右臂內旋向上撐圓；同時上體向左後擰緊，面向圈內，兩脚不動；目隨勢注視左掌（圖 9）。

要點：

本式係八卦獅形掌左轉勢的開掌亮勢，位於圓圈北側，因左脚在前而又要求上體向左

圖7

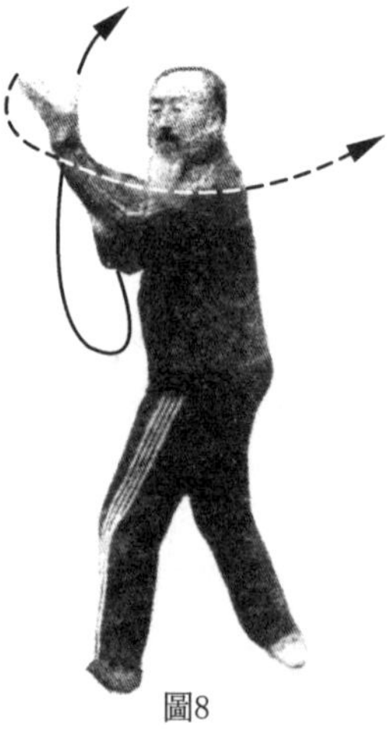

圖8

圖9

圖10

後擰緊，面向圓心，下盤必須穩固。要求右臂向上撐圓，左肩不可上聳，塌腰坐胯，斂臀收肛，扣膝抓地，氣沉丹田。

7. 獅子轉球

（1）上動稍停，上體和兩手姿勢不變，左腳尖外擺起步，隨即右腳擦左腳內側朝前，沿圈綫外弧行上步內扣，兩腿微屈，重心落於在後的左腿；同時左掌仍指向圓心方向；目仍向左注視左掌（圖 10）。

（2）緊接上動，上體和兩手姿勢仍不變，左腳隨即擦右腳內側朝前，沿圈綫內弧行上步，腳尖正直，兩腿微屈，重心落於在後的右腿；同時左掌仍指向圓心方向，目仍向左注視左掌（圖 11）。

（3）緊接上動，上體和兩手姿勢仍不變，右腳隨即擦左腳內側朝前，沿圈綫外弧行上步，腳尖內扣，兩腿微屈，重心落於在後的左腿；同時左掌仍指向圓心方向，目仍向左注視左掌（圖 12）。

（4）本式以下的分解動作，都如同以上的説明，不再贅述，見圖 13～圖 21。

圖11

圖12

圖13

圖14

要點：

①本式所列十二個分解動作(見圖 10～圖 21)，連貫起來，就是沿着一個大圓圈以“蹚泥步”走轉一週的整體動勢，即由圓圈的北側起步左轉，沿圈綫向西、向南、向東，再向北走轉到原來起步的位置，從而形成接換下一掌式的新起點。

②須知：走轉圈数可多可少，圓圈的範圍也可大可小，小則每圈以走八大步爲宜。這是八卦掌走轉運動中可以靈活掌握的一個特點，自練時可不必拘泥於一定之規。

③走轉動作應連貫自然，兩脚邁步應平起平落，要求“裏脚直走，外脚扣行”。本式係左轉式，左脚在圈綫裏，爲“裏脚”，上步走轉落脚，脚尖應正直朝前；右脚在圈綫外，爲“外脚”，上步走轉落脚，脚尖應微内扣。同時還要求兩脚盡量貼地遠伸走轉，配合小腹鼓蕩前催，以增强下盤樁功。

④上體應保持平穩，不可忽高忽低，走轉時上體雖無變勢，應盡量向左後轉向圓心；不論兩脚走到任何方位，左掌始終要指向圓心，目視左掌。

8. 獅子搏球(左式)

緊接上(圖 21)式，右脚向左脚前弧行上步，脚尖内扣，膝部微屈，上體隨即向左後回轉，左脚隨之向左側後方擺步前進至圈綫外，

圖15

圖16

圖17

圖18

腳尖向東北角，膝微屈，重心偏於在後的右腿；在左轉回身進左步的同時，左掌及前臂內旋并順左腳向左前上方掤架圓撑，手背向上，高與頭平；右掌從上向右側下落，再外旋經腹前向左伸抄，手心向上，高與左胯平，與左手上下相合成式；目隨轉身變式之手，後平視左前（東北角）方（圖 22）。

要點：

本式係緊接上式一路大走轉後，沿圖綫急速折回轉身變式，要求回轉動作順勢圓活，要充分運用腰胯擰轉，手腳配合高度協調圓潤，右腳上步弧度要大，以便於回轉；手上動作既大且圓，仿佛是用兩手抱住一個大圓球，由上托經曲圓而前推。本式名稱叫作“獅子摶球”，所謂“摶”，據《康熙字典》注：摶就是圓圜的意思。可細品其味。

9. 獅子摶球（右式）

緊接上動，右腳沿圈綫裏側向東上步，腳尖微内扣，膝部微屈，重心落於在後的左腿，同時右掌從下經左側向上抄起，再内旋順右腳向右前上方棚架圓撑，手背向上，高與頭平；左掌從上向左下、再外旋經腹前向右伸抄，手心向上，指尖向前，高與右胯平、與右手上下相合成式；目隨手勢變化平視右

圖19

圖20

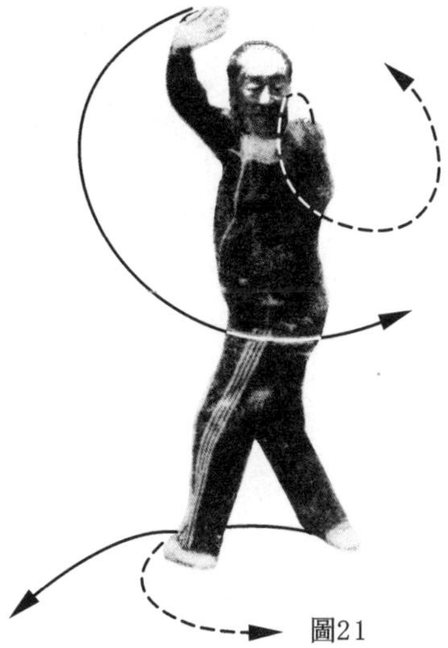
圖21

圖22

前方(圖 23)。

要點:

由左式上步變成右式,右脚上步是沿圈綫裏側偏於右弧形行進的,不可直綫前進。另參看上動要點説明。

10. 獅子搏球(左式)

緊接上動,左脚沿圈綫外側上步,脚尖内扣,膝微屈,重心落於在後的右腿;同時左掌從下經右側向上抄起,再内旋順左脚向左前上方棚架圓撑,手背向上,高與頭平;右掌從上向右下、再外旋經腹前向左伸抄,手心向上,指尖向前,高與左胯平,與左手上下相合成式;目隨手勢變化平視左前方(圖 24)。

要點:

本式也是沿圈綫前進的,左脚上步位置是在圈綫外側。以上 8、9、10 三式是一個整體的連續動作,演練時要連貫圓活。兩手運轉自如,兩臂撑圓,以腰爲軸帶動全身運動。

11. 獅子抱球

緊接上式,右脚向右後方沿圈綫擺步横退,左脚尖内扣,上體向右平轉,面向圓圈中心,兩腿屈膝半蹲;同時右掌從左腹前隨右脚向右側擺攔,掌心向左,指尖向下,高與胯平;左掌從左上向右下弧形抄抱,掌心向右與右掌相對,指尖向下,高與胯平,形成兩臂屈圓相抱之式;目隨視右掌(圖 25)。

要點:

注意含胸拔背,塌腰坐胯,右膝外展,兩臂撑圓;兩脚踩在圈綫的東北側,面向圓心。

圖23

圖24

圖25

12. 獅子翻身

（1）上動不停，左脚向右脚外側前方沿圈綫上步，脚尖内扣；同時，上體隨之向右後仰翻轉，背向圓心；兩掌及臂相抱成圓，隨上體後仰翻轉之勢由下經右側曲圓推舉向上，兩掌心仍相對，指尖向上；目隨手轉仰視上方（圖 26）。

（2）上動不停，右脚經左脚後向左脚外側沿圈綫倒插退步，脚尖外擺；左脚尖原地内扣，兩腿屈膝半蹲；在退步翻身的同時，兩掌以原式從頭頂上方隨腰轉經右側向下擺落，停於兩胯外側，掌心仍相對，面向圓心；目隨手轉俯視右掌（圖 27）。

要點：

本式是一個連續變步後仰轉腰大幅度翻身動作，與上一式“獅子抱球”動作緊密相連，從 11 式起，脚下共有三大步，兩退夾一進，而步位變換又必須沿圈綫弧行；手上雖然就是一個大抱球式動作不變，但要配合變步翻身成立圓滾轉 450 度，協調與靈活性要好；後仰身側翻轉乃本式之精華，注意脚步穩固，腰脊胯關節放鬆圓活。

第二段

13. 獅子滾球（右式）

（1）上動微停，兩脚步位不變，右腿屈膝前弓，左脚伸腿蹬直成右弓步；同時上體微右轉，兩掌同時向右側上方擺起，右手在前，左手隨後，大拇指一側向上，手臂微屈，高與肩平；目隨視右手（圖 28）。

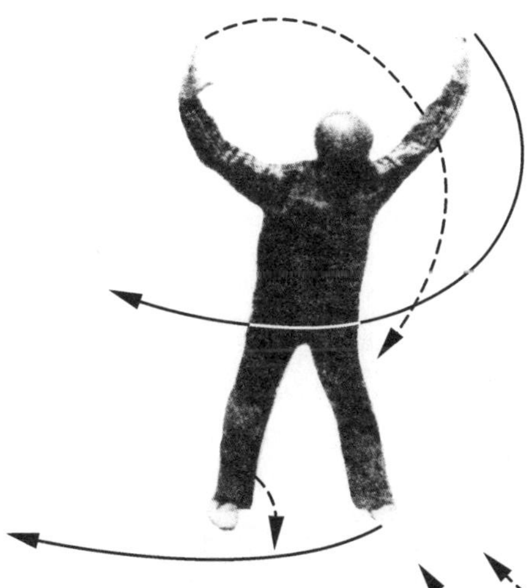

圖26

圖27

圖28

（2）上動不停，兩脚步位不變，身體重心向左移，左腿屈膝微蹲，右腿伸膝蹬直，脚尖上翹；同時上體左轉，兩掌繼續從右側向上向左弧形擺動，抱於左胸前，掌心向裏，指尖相對，兩臂屈圓；頭隨手左轉，目隨視兩掌（圖 29）。

（3）上動不停，右脚尖外擺踩向圈綫外，屈膝前弓；左腿屈膝跐脚後蹬，同時上體向右後擰轉，面向圈外；兩掌從左胸前邊内旋、邊隨上體右轉，以弧形滚動之勢向胸部前方圓撑推出，掌心向外，指尖相對，高與胸平；目隨手動注視兩掌（圖 30）。

要點：

本式動作要抓住一個“滚”字，兩手相連的弧形動作是一個整體兩個節奏，由圖 27 至圖 29，兩手是在正面由右向上向左弧形擺動，兩臂較伸展；由圖 29 至圖 30，兩手是在轉腰變向過程中作螺旋形滚推，兩臂要屈肘隨身，整個動勢就圓活。下盤要注意步法和虚實變化及重心穩定。

14. 獅子滚球（左式）

接上動，左脚向左前方沿圈綫内側上步，脚尖外擺屈膝前弓；右脚原地隨轉屈膝跐脚後蹬；同時上體向左後擰轉，面向圈心；兩掌從右胸前邊外旋、邊隨上體左轉變内旋，以弧形滚動之勢向胸部前方圓撑推出，掌心向外（圓圈中心），指尖相對，高與胸平；目隨手動注視兩掌（圖 31）。

要點：

手脚要協調，轉身變式要圓活自然，兩臂掌外撑要暗含撑勁，注意擰胯叠膝。

15. 獅子擋球

接上動，右脚向前沿圈綫上一大步，脚尖微扣，膝微屈；左脚隨右脚後跟進小半步，膝

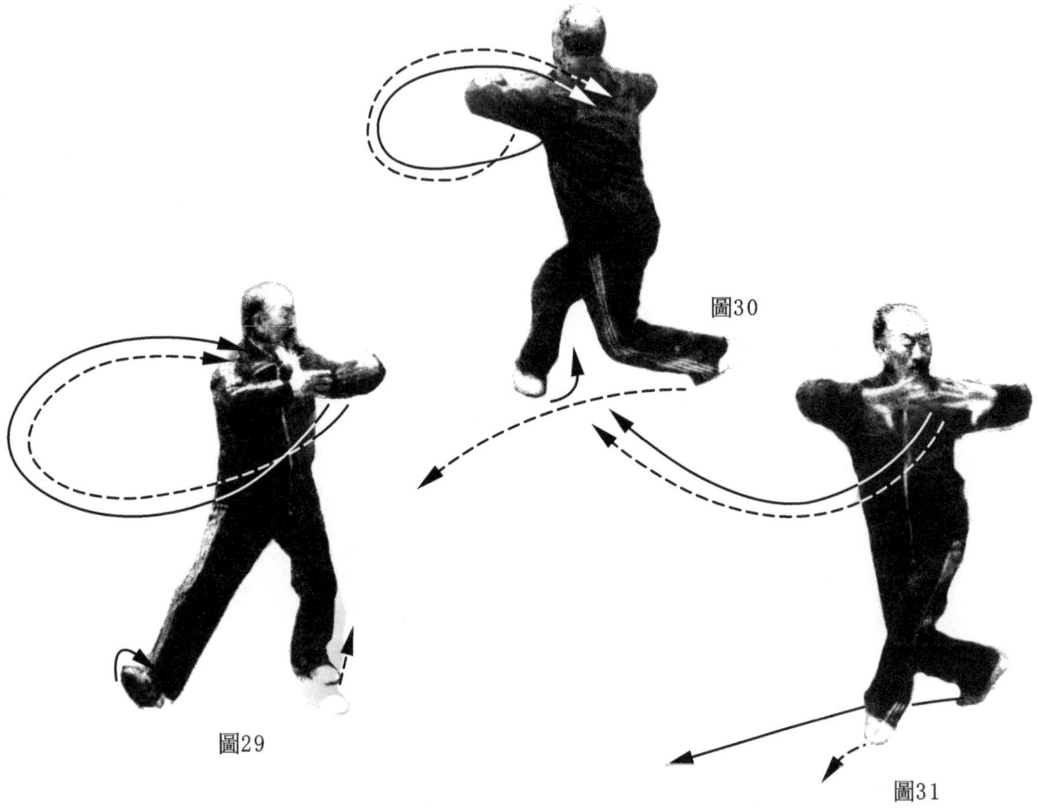

圖29

圖30

圖31

微屈，重心偏於左腿；同時上體右轉，面正對圈綫；兩掌從左胸前隨上步轉身之勢向胸部正前方（順圈綫）弧形推擋，停於胸前，掌心向外，指尖相對，高與胸平；目隨手動注視兩掌（圖 32）。

要點：

兩掌向前圓撐推擋，實爲雙撞技法，要用爆發力，要含胸拔背，沉肩催勁；從手型看，本式和上式手型相同，但這手型絕不是固定不變的簡單移動方向，若如此則無勁無法，而是在推撞前的變勢中，兩掌擰腕旋轉隨步發出，勁力完整。

16. 獅子托球

上動微停，左脚向右脚前方沿圈綫上步，脚尖正直；右脚不動，兩膝微屈，重心偏於在後的右腿；同時，兩掌在胸前向外、向下，再外旋向裏向上平托，兩臂屈圓，掌心向上與肩同高同寬，指尖向前；目視兩掌（圖 33）。

要點：

托掌和上步動作要一致；上步不是走直綫，而是沿着圈綫略帶弧形。

17. 獅子提爪

上動微停，兩脚不動，兩掌在原處同時内旋使掌心向下，手指自然分開，屈腕使指尖向下成爪形，雙手拱背上提略高於肩；目平視正前方（圖 34）。

要點：

掌指向下屈緊，腕部暗含向上的提勁；同時要沉肩墜肘，含胸拔背，氣沉丹田。

18. 獅子蹬山

緊接上動，兩手不變，左脚不動，重心移至左腿；右腿屈膝上提隨即展膝伸腿脚尖上勾，使脚掌後跟向前上方蹬出，高與腰齊；目

圖32

圖33

圖34

視右脚尖(圖 35)。

要點：

蹬腿要快速有力，先屈後伸，力達脚跟；獨立支撐腿要穩固，脚趾緊抓地面；上體要正，身體保持平衡。

19. 獅子按球

(1) 上動不停，右脚下落於左脚前，脚尖正直，屈膝前弓，左脚不動；同時兩手由提爪變掌，掌内旋使掌背相對、屈肘上抬將雙掌收至胸前，掌指向下；目視兩掌(圖 36)。

(2) 上動不停，右脚沿圈綫前進半步，脚尖微扣，屈膝前弓；左脚隨即跟進小半步，屈膝後蹬；在進步同時，兩手從胸前向下、向外、向上再向前曲綫按出，掌心向外，指尖向前上方，手指自然分開，高與肩平，兩臂向下撐圓；目隨視兩掌(圖 37)。

要點：

雙掌前按和右脚進步要一致，按掌發力要塌腕，内含向前下方的催力。

20. 獅子摇頭

(1) 上動微停，兩脚不動，兩手同時從前方經身前平行向左横摸擺轉；左手内旋使掌心向外横摸至左側外，指尖向上，高與肩平；右手外旋隨左手向左横擺至左肋外，手心向上，指尖向左，高與胸平；在兩手向左横擺的同時，頭和身體迅速左轉，重心左移，目隨視左掌(圖 38)。

(2) 緊接上動，兩脚步位仍不變，兩手同

圖35

圖36

圖37

圖38

時從左側經身前平行向右橫摸擺轉；右手內旋使掌心向外從左側橫摸至右側外，指尖向外，高與肩平；左手外旋隨右手向右橫擺至右肋外，手心向上，指尖向右，高與胸平；在兩手由左向右橫擺的同時，頭和身體隨即右轉，重心右移，目隨視右掌（圖 39）。

要點：

兩臂左右橫擺時速度要快，動作要輕鬆、明晰、連貫、圓活；頭的動作是隨手左右轉動，頭頸要豎直；眼神要精明地向兩側隨視左右手的擺轉。

21. 獅子回頭

（1）上動不停，兩脚不動，右手在右側先屈腕內旋，再從右側外向下外旋轉掌使掌心向上，經左手掌上方復向右前上方斜行穿出，掌心向上，指尖向前，高與肩平；左手托於右肋前不動；目視右手（圖 40）。

（2）上動不停，右脚在原地迅速內扣，上體隨即向左後回轉，胸回向左邊圈綫；在回轉的同時，左腿屈膝上提，小腿向內扣緊，脚尖上翹，以右腿獨立支撐身體；同時，左手由右肋前屈腕內旋經左腰側向身後穿出，待回身後再外旋向前推至左膝外前方，掌心向前，指尖向左，拇指向上，高與腹平；右手緊接上動穿掌後，迅速屈臂內旋經胸前隨回身勢向左膝內側前方推出，掌心向前，指尖向右，與左掌平行相合，兩掌根相對，兩掌指向左右外張；目隨右掌後，注視兩掌（圖 41）。

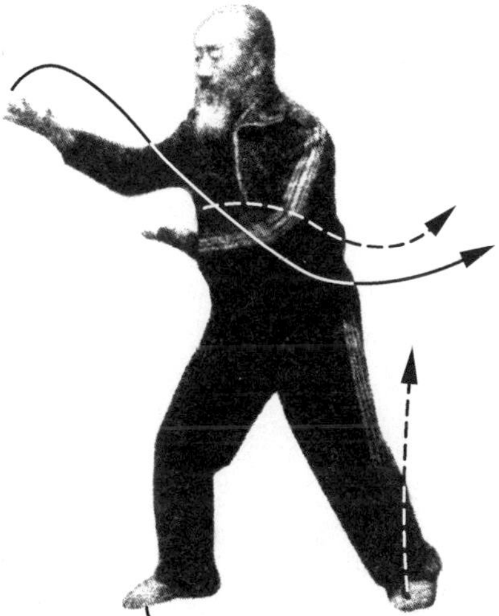

圖40

圖39

圖41

要點：

轉體回身動作要快速，手腳動作要協調完整，右手動作多一個穿掌，更須輕、靈、快。

22. 獅子攫食（左式）

上動微停，左腳向前下落，腳尖微扣，踩在圈綫外，屈膝前弓；右腿在原地屈膝跪隨，腳掌踮起；在左腳前落的同時，兩掌（相合式不變）在原處同時向右旋轉 90 度成爲左手在上、右手在下的合掌式，隨落步向前推攫；目視左掌（圖 42）。

要點：

兩掌相合同時變式，左掌爲内旋，右掌爲外旋，故仍相合。在後的右腿不必跪在地面。

23. 獅子攫食（右式）

上動微停，右腳向右前方上步，腳尖微扣，踩在圈綫内，屈膝前弓；左腳在原地屈膝跪隨，腳跟提起；同時身微右轉；在右腳上步的同時，兩掌仍以合掌式先向左旋轉 180 度，成爲右掌在上、左掌在下，順右腿向前推攫；目隨視右手（圖 43）。

要點：

合掌變式，右掌爲内旋，左掌爲外旋，合掌下推時，上體微俯，兩臂微屈前探，不宜僵直死板，前推距離雖短，也應以腰脊催臂發力。

24. 獅子捧球

上動微停，左腳向右腳前方順圈綫上步，腳尖正直，伸膝向上蹬直立起；右腳隨即屈膝上提，用右腳背從後扣住左膝彎處；同時兩手合掌式不變，使合掌向右旋轉 90 度成左右合掌

圖42

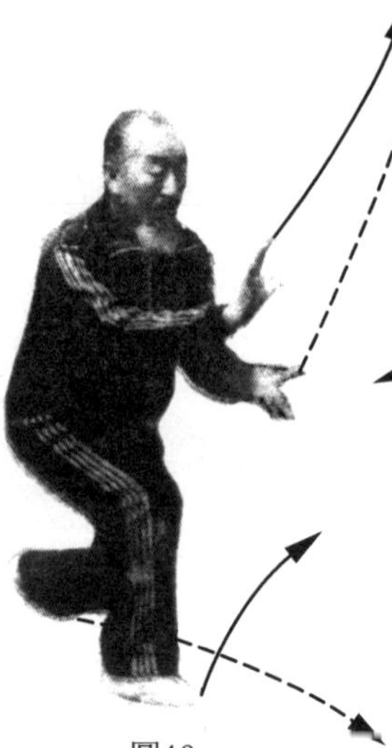

圖43

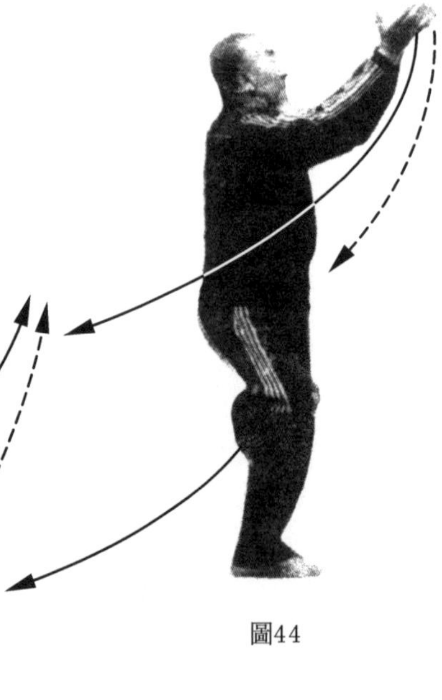

圖44

式，從胸前正面向上捧舉過頭，手心向上，十指尖分向左右兩邊；目向上仰視兩拇指（圖 44）。

25. 獅子劈球

上動微停，右脚向右後方落下，脚尖外擺，踩在圓圈正中東西向直徑綫上，屈膝弓腿，成橫行右弓步；同時，右手掌內旋從上向下劈，停於右腹前，手臂微屈，掌心向下，指尖向左，高與胯平；左手從上順左側前下劈，手臂微屈，掌心向前，拇指向上，小指側掌緣向下，高與胸平；上體向右微轉，目向左前（東）方注視左掌（圖 45）。

要點：

右脚退落下的步位已經離開圈綫，進入圈中，應有此概念。兩手下劈是順着右脚退落向下拉切，動作要快，力要完整。

第三段

26. 獅子揉球

（1）上動微停，兩脚步位不變，左掌由左前外旋屈肘向右胸前平行回擺，掌心向上，指尖向右側斜上方；同時右手從右腹前外旋向左胸前抄起，掌心向上，指尖向左，托於左小臂外交叉；目偏左注視右指尖（圖 46）。

（2）上動不停，兩脚步位仍不變，身體重心先向左稍移，復向右回原；同時，左手內旋向下、向左側前下方撐按，掌心向下，小指掌側向左，高與腹平，手臂撐圓；右手內旋向上、向右上方架撐，掌心向前上，指尖向左，高略過頭；上體微右擰轉，目平視左前方（圖 47）。

要點：

兩手動作要協調連貫，手動要配合身動。

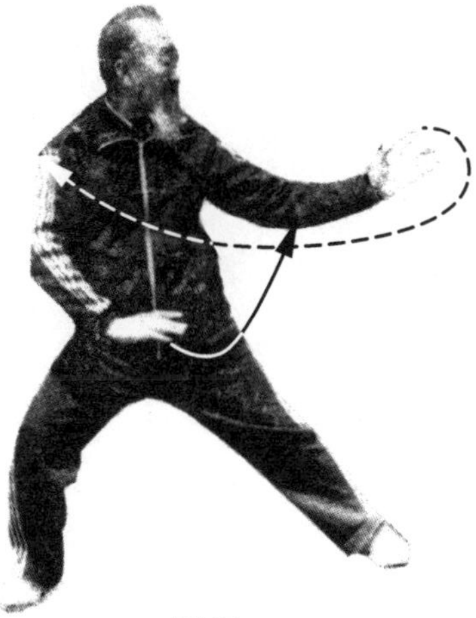
圖45

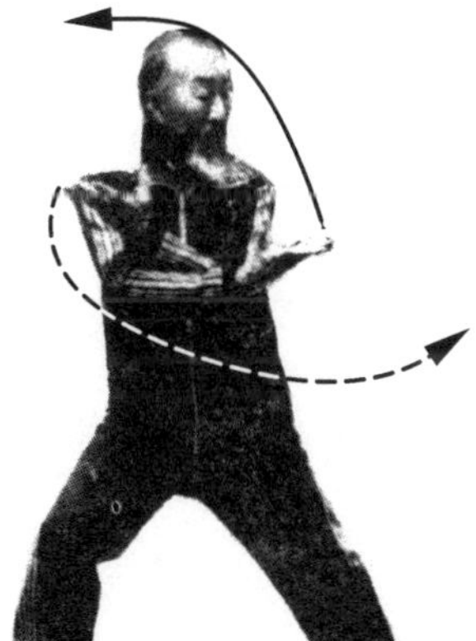
圖46

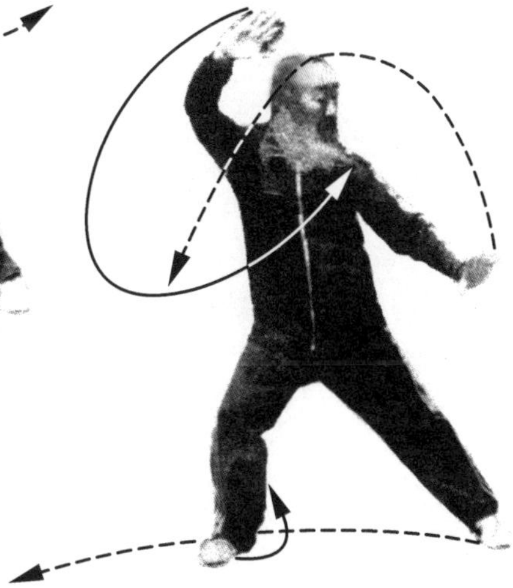
圖47

27. 獅子探爪

(1) 上動微停，左脚經右脚前向右側上步，脚尖外擺橫踩在中軸綫上，屈膝半蹲；右脚跟隨之原地提起，右腿屈膝後蹬；同時，左手從左側下方外旋，經左側外向上向右越過頭面部，再向右側下方屈臂下落於右肋前，掌心向上，指尖向右；右手從頭部右上方外旋，經右側向下劃弧，平腰後，再向左貼身穿過左手小臂，繼續向左肩前穿抄，掌心向上，指尖向左；胸向南，頭隨勢右轉面向西，目視右前方(圖 48)。

(2) 上動不停，右脚向右側外橫邁一大步，脚尖微扣，左脚不動；同時，右手從左肩前內旋向上越過頭頂向右側擺下，擺經右腿外續向右臀部後直掌後插；左手從右肋前內旋經腹前向左側外向上弧綫擺至頭部右側上方時，右腿屈膝速變右弓步，上體順勢向右側微傾斜，左掌乘勢經頭頂向右側上方直臂伸探，小指側向上，虎口向下，指尖向右側斜上方，高過頭頂；目隨左手大迴環，仰視右前上方(圖 49)。

要點：

兩手相對大繞環動作要連貫協調，兩臂肩肘關節運轉要放鬆圓活，左臂掌反向上傾斜探伸動作要伸展，左肩和左腰肋都要鬆展肋勢；同時左手要相應後插，步法不是正面直上，而是向右橫行，還應和手上動作配合協調。

28. 獅子擺球

(1) 上動微停，兩脚不動，左掌從右側上方向左側直臂弧綫擺動，成立掌停於左側前，手臂內旋微屈，掌心向左，指尖向上，高與眉齊；右掌從右臀後經右胯側向前、經腹前向左胸側弧綫上抄，成俯掌置於左胸前，手臂內旋撐圓，掌心向下，指尖向左，高與胸平；在左掌由右向左弧綫擺動的同時，上體及重心隨勢左移，左腿屈膝前弓，右腿伸膝在右側蹬直；頭隨左手向左轉，目向左平視左掌(圖 50)。

圖48

圖49

圖50

（2）上動不停，右脚下動，左脚向右脚內側靠攏，脚前掌着地，兩腿屈膝半蹲；同時，右掌從左胸前內旋向上經面部向右側外弧綫擺劈，手臂微屈，小指掌側向下，指尖向右，掌心向前，高與胸平；左手從左側外向下經腹前向右肋外弧綫環抄，手臂內旋撐圓，掌心向下，指尖向右，高與腰平；上體微向右轉，頭隨右掌向右擺轉，目向右平視右掌（圖 51）。

要點：

兩手擺動要連貫協調，身隨手動，目隨手轉，右掌右劈須暗含沉勁。

29. 獅子截球

上動微停，左脚向左橫跨一步，脚尖正直；右脚隨即向左脚內側靠攏，脚前掌着地，兩腿屈膝半蹲；同時，右手從右側外向上向裏、再順上體右側向下截，停於右大腿外側，手臂內旋微屈，掌心向下，指尖向前；左手從右肋前經小腹前向左向外向上劃弧至頭頂左上方，手臂內旋撐圓，掌心斜向上，指尖向右；目隨右手向右俯視右掌（圖 52）。

要點：

左脚橫跨時身向左閃，速度稍快；右掌下截要快速輕靈，力達小指掌側，截掌與閃步要一致。

（從第 25 式至本式，動作步位都是在東西向中軸綫上運動。）

30. 獅子踢球

（1）上動微停，右脚向右側偏後弧綫擺步，脚尖外擺，屈膝微弓；同時上體右轉（面向西），左掌從上經面部向體前右側下按，手臂內旋撐圓，掌心向下，指尖向右，高與腹平；右掌從下內旋向右向上架於頭頂右上方，掌心斜向上，指尖向左，高過頭頂；目微向左平視前方（圖 53）。

（2）上動不停，左脚向右脚前繞行上步，脚尖內扣；右脚尖原地外擺，兩腿屈膝微蹲，重心偏於左腿；同時上體右轉（面向北），左手從下經小腹前向左向上架於頭頂左側上方，手臂內旋向上撐圓，掌心斜向上，指尖向右，

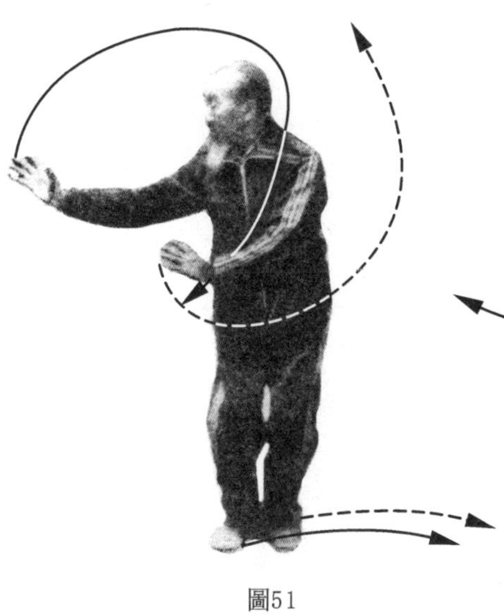

圖51

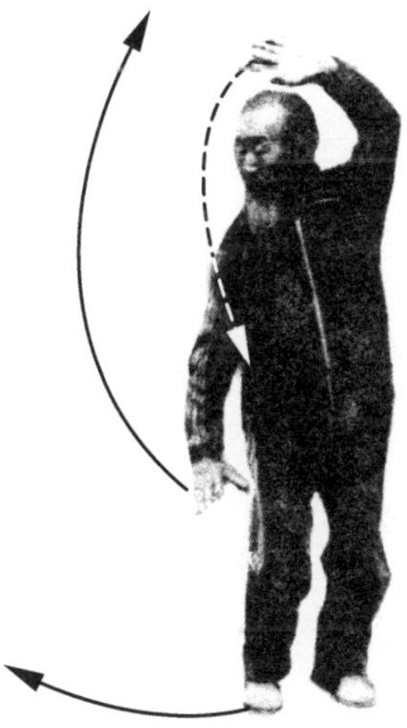

圖52

圖53

高過頭頂；右手從上經面部向體左側下按，手臂内旋撑圓，掌心向下，指尖向左，高與腹平；頭隨轉身之勢向右擺轉，目微向右平視前方（圖 54）。

（3）上動不停，兩手姿勢不變，左腿伸膝獨立蹬直；右腿先屈膝上提，隨即伸膝向前上（東北）方彈踢，腿部伸直，脚面綳平，高與腹平；目視右脚尖（圖 55）。

要點：

①擺扣繞步轉身和兩臂上下交錯運轉，動作必須連貫協調，完整一氣，并配合轉腰擰胯運動；踢彈腿要先屈後伸，快速有力，力達脚尖。

②要把握方向，注意步位變换。上式兩脚踩在東西向中軸綫上（右東左西）；本式步位已離開中軸綫并轉向圓圈邊綫靠攏，圖 54 的步位已近東北邊綫，踢腿時已向着圈外。

31. 獅子反張口

（1）上動微停，右脚向下落在右前方，脚尖正直，踩在圓圈綫上，膝微屈弓；重心偏於左腿，左腿屈膝微向内扣；同時，左掌從上經面部向下按至右盤肘前，手臂内旋撑圓，掌心向下，指尖向右，高與胸平；右掌從左胸前經左小臂上方向右外前上方外旋摔出，掌心向上，指尖向前，高與眉齊；目視右掌（圖 56）。

（2）上動微停，右脚不動；左脚掌貼地從右脚右斜後經右脚前向右脚外側弧綫掃扣、脚尖内扣，踩在右邊圈綫上，兩腿屈膝微蹲，重心落於右腿；同時，右手以托掌式先從右前

圖54

圖55

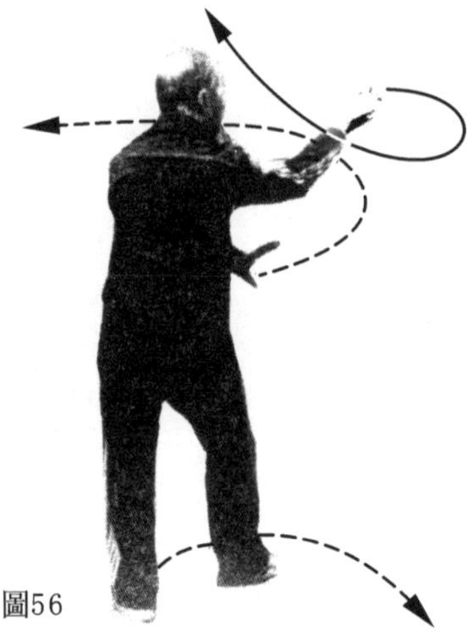
圖56

圖57

向右後平轉，繼內旋向左向前向上架於頭頂右側上方，手臂内旋撑圓，掌心斜向上，指尖向左，高過頭頂；左掌從右胸前外旋成仰掌向前向左側外上方順左肩擺開，手臂外旋微屈，掌心向上，指尖順臂向左前，高與肩平；上體隨兩手動作先向右微轉，再向左後擰轉；目先注視右掌盤旋，後速向左注視左掌（圖 57）。

要點：

對本式的步位方向要有基本概念：步位是左脚在前，右脚在後，兩脚踩在圈綫的東北側約靠近北；方向是右背部朝向圓心，左掌與目視朝向圈外。本架式和前面“獅子張口”式相同（參見圖 9），唯前式的左掌指向圈心而接左轉，本式的左掌指向圈外將接右轉，是一個新穎的反式，故名“獅子反張口”以示區别。

32. 獅子盤球

（1）上動微停，上體和兩手姿勢不變，右脚擦左脚内側向前，沿圈綫内弧綫上步，脚尖正直；左脚不動，兩腿微屈，兩膝内扣；同時上體成大右轉圈勢隨上步向前移，目仍向左後注視圈外的左掌（圖 58）。

（2）上動不停，上體和兩手姿勢仍不變，左脚擦右脚内側向前，沿圈綫外弧綫上步，脚尖内扣；右脚不動，兩腿微屈，兩膝内扣；同時上體繼續成大右轉圈勢隨上步前移，目仍向左後注視圈外的左掌（圖 59）。

（3）繼續接着照上兩動作的説明沿圈綫前進兩步，向右弧行走轉（圖 60、圖 61）。

圖58

圖59

圖60

圖61

(4) 上動不停,右脚擦左脚内側向前,沿圈綫内弧綫上步,脚尖正直;左脚不動,兩腿微屈,兩膝内扣;同時,上體向右擰轉,面向圈裏,左掌從左側外内旋向上架於頭頂左上方,手臂内旋向上撑圓,掌心斜向上,指尖向右,高過頭頂;右掌從上外旋向右側下按至右胯前,手臂内旋撑圓,掌心向下,指尖向前偏右,對着圓心方向,高與胯平;頭隨勢右轉,目向右下俯視右掌(圖 62)。

(5) 上動不停,兩手姿勢不變,左脚擦右脚内側向前,沿圈綫外弧綫上步,脚尖内扣;右脚不動,兩腿微屈,兩膝内扣;同時上體繼續成右轉大圓圈勢隨上步前移;目仍俯視右掌(圖 63)。

(6) 上動不停,兩手姿勢不變,右脚擦左脚内側向前,沿圈綫内弧綫上步,脚尖正直;左脚不動,兩腿微屈,兩膝内扣;同時上體繼續成右轉大圓圈之勢隨上步前移;目仍俯視右掌(圖 64)。

(7) 續上動沿圈綫前進四步,向右弧形走轉(圖 65~圖 68)。

要點:

①本式所列十一個分解動作(見圖 58~圖 68),連貫起來,就是沿着一個大圓圈以“蹚泥步”、向右走轉一週的整體動勢,即由圓圈的北側起步右轉,沿圈綫向東、向南、向西,再向北走轉到原來起步的位置。

②在這一大圈走轉運動中,手的動作先後

圖62

圖63

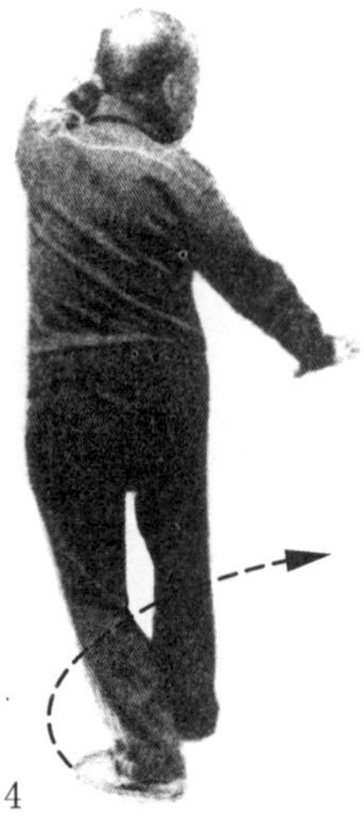
圖64

圖65

有兩個式子，先是向外上托掌，後是向裏下按掌，這兩個掌式的換接動作過程，衹用了一個插圖表達，見圖 61 的兩手動態綫及圖 62 的動作説明，而這是爲了便於表述。須知：這兩個掌式由左外上向右外下的動作變化過程，手動的速度還可放慢，讓手勢的轉换和三個或五個上步動作協調配合，而且勿須加快上步的速度。這不但不會影響節奏，還能更好體現獅形掌的運動風采。

③在本式開始向右走轉的前四動，爲左掌在左側外上托（圖 58～圖 61）。應注意：步雖向右走轉，上體和腰脊却應盡量向左後擰轉，左掌通過鬆肩盡量向左側後擺開，切不可讓左掌隨上步而向前擺移。

④本式最後一動爲上右步（圖 68），右脚前進着地的位置，應偏離圈綫向右進入圓圈内約一米，以便於接下式的變化。

⑤其他有關要點可參看前面第 7 式的要點説明。

33. 獅子撞球

（1）上動不停，左脚隨右轉勢向前弧形上步，脚尖内扣，與右脚開襠横排；右脚不動，兩腿屈膝半蹲，兩膝内扣；同時，上體擰腰右轉，右掌從右胯前向右前方推移，手臂内旋撑圓，掌心向下，指尖向右前，高與胯平；左手從左側上外旋向左側下落至左胯前，手臂外旋撑圓，掌心斜向上，指尖斜向右下；目視右掌（圖 69）。

圖66

圖67

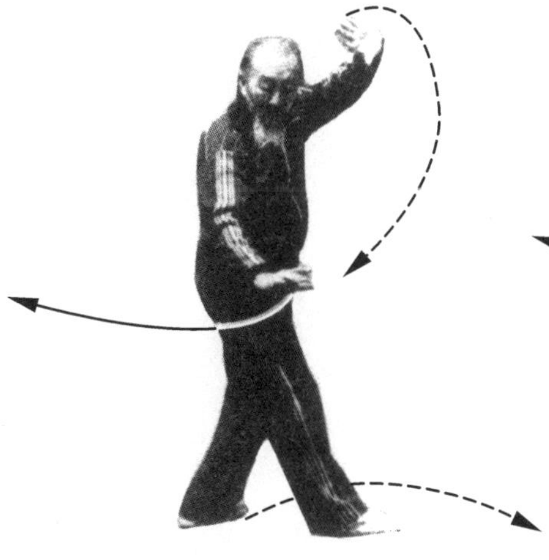
圖68

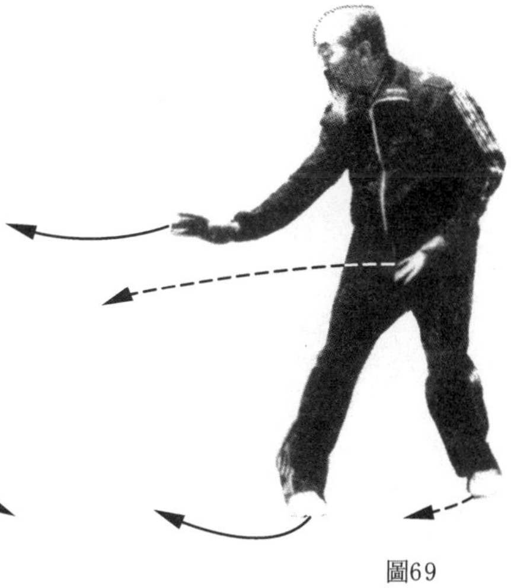
圖69

（2）上動微停，右脚向右側前（南）方搓進半步，脚尖微内扣；左脚隨右脚後跟進小半步，兩腿屈膝半蹲；在搓步前催的同時，上體向右微前傾，右掌乘勢朝右前發脆勁推撞，手臂内旋微屈，掌心向前下方，指尖向前微揚，高與胸平；左手從左胯前隨右手後向前助推，停於右肘内側下方，手臂外旋微屈，掌心斜向前，指尖斜向下，高與胯平；目視右掌（圖 70）。

要點：

①兩掌前撞和脚步前催要同時進行，前撞要有頓挫力；臀部不可後掀。

②本式步位已進入圓圈内，兩脚踩在南北向的中軸綫上，右脚在前朝南，左脚在後靠北，須有此概念。

34. 獅子抖翎

（1）上動微停，左脚後退小半步，伸膝獨立蹬直；右腿屈膝後收上提，小腿向内扣緊，脚面繃直護於襠前；在後退提膝的同時，上體立起，右掌先屈肘後縮，再外旋向上向前伸出，手臂外旋微屈，掌心向上，指尖向前，高與肩平；左掌從右側前向裏平扣腕并屈肘，使指尖回經腹前和左腰側，再内旋向左側後反掌後掖，掌心向後，指尖向下，高與髖平；目視右掌（圖 71）。

（2）上動不停，姿勢不變，緊接着以腰脊抖動催動兩肩，以兩肩側身前後抖動催動兩臂前後抖動數次後即停；右腿獨立站直，五趾抓地；目視右掌（圖 71）。

要點：

抖動前，左獨立式的重心必須保持平衡；抖翎動作應緊按獨立伸掌進行，但在初練時，可在獨立站穩後再行抖動，抖翎動作不是兩臂前後伸縮，而是以腰脊抖動爲主，催動兩肩，體現在兩臂的前後抖動上。因爲抖動的頻率較快，要經過逐步訓練，反復體會才能掌握。抖動次數，以演練者熟練的程度自行掌握爲好。沙老以耄耋高齡，抖動在十次左右，且有出神入化之妙！

圖71

圖70

圖72

第四段

35. 獅子追球(右式)

(1) 上動微停,右脚向下直落於右側,脚尖内扣,左脚尖隨即在原地向後外擺;同時上體向左後回轉,面向圈外,兩腿微屈,重心偏於右腿;轉身的同時,右掌從右前屈肘内旋向上向裏、順左轉身向右腹前下插,掌心斜向後,指尖向下,高與腹平;左掌在轉身時微屈肘上提,轉身後自然置於左側胯前,手臂内旋撐圓,掌心反向左前,指尖向下,拇指朝左外,高與胯平;頭左轉,目視左掌(圖72)。

(2) 上動不停,左脚偏向左前方微進步,脚尖外擺,膝微屈;右脚向左脚前方(西北角)上步,脚尖正直,膝微屈,重心偏於左腿;同時上體續微左轉,面向西北角;在右脚上步的同時,右手從右腹前經左臂下向左側前上方外旋穿出,手臂外旋微屈,掌心向上,指尖向前,高與肩平;左手從下順右臂動作屈肘上提,横護於右前臂上,手臂内旋撐圓,掌心向前,小指掌側向上,指尖向右,高與肩平;目視右掌(圖73)。

(3) 上動不停,左脚向右脚前方上步,脚尖正直,膝微屈;接着右脚再向左脚前方上步,脚尖微内扣,膝微屈,重心偏於在後的左腿;在兩脚前進兩步的同時,右手向前直行穿出,手臂外旋撐圓,掌心向上,指尖向前(西北角),稍高於肩;左手由右小臂上向裏經面前向左額上拉回托起,手臂内旋撐圓,掌心斜向上,指尖向右,高過頭頂;目向右平視右掌(圖74、圖75)。

要點:

①回身變勢要以腰爲主,注意轉腰擰胯,和手脚動作的配合協調,全身放鬆。右脚落步後,兩脚距離不宜寬,以利於回轉,左脚回轉起步一動宜小;右手經左臂下前穿時,兩臂先不可鬆散,要有交叉裹抱滾轉之勢,然後配合走步前穿,步停手到式成;眼神應從右掌回插開始,一直隨視其穿出。

②已知上式右掌在前對着正南,設上式之左脚獨立處爲一個十字交叉的中心點;本式回轉身後的連上步右掌前穿動作,則是正

圖73

圖74

圖75

對着西北角方向前進的。把握住多變的運動方向,將會盡快熟悉本套路。

36. 獅子追球(右式)

(1) 上動不停,右脚原地内扣,兩脚屈膝内扣,重心往右腿平移;同時上體向左側後含腰翻轉;隨左轉之勢,左掌從左額上方向上向左側外前方外旋擺開,手臂微屈,掌心斜向右,拇指向上,指尖向前,稍高於肩;右掌從右前方内旋向上向左擺至右額前上方,手臂内旋撑圓,掌心斜向上,指尖向左,高過頭頂;目先隨右手向上,即左轉向左前平視左掌(圖 76)。

(2) 上動不停,右脚不動,左脚尖原地外擺向前,坐胯前伸;同時上體含胸繼續左轉,并向前微俯身;左掌從左前上方繼續向左前下壓,掌指方向不變,高與胸平;右掌從右額前向左側前下方朝左手腕部下方貼腕下插,手臂内旋微屈,小指一側反向上,指尖向前下,形成左右兩手尺骨腕部上下交叉重疊之式,并置於胸前;目向前俯視交叉兩掌(圖 77)。

(3)上動不停,右脚向左脚前上步,對着東南角方向前進,脚尖正直;左脚尖原地外擺,兩腿微屈,重心偏於在後的左腿;在上步前進的同時,上體擰腰左轉并漸伸展起立;隨前進左轉之勢,交叉的雙手先在胸前從下向左上做螺旋形貼腕小旋轉,緊接着右掌外旋并微向上向右向下再向左上成螺旋形朝前、向東南角方向穿出托起,手臂外旋微屈,掌心向上,指尖向前,略低於肩;左手内旋向裏回收至右前臂内側上方,手臂内旋撑圓,掌心向前,指尖向右,拇指側向下,高與肩平;目隨視右掌(圖 78)。

(4) 上動不停,左脚向右脚前方上步,脚尖正直,膝微屈;按着右脚再向左脚前方上步,脚尖微内扣,膝微屈,重心偏於在後的左腿;在兩脚相繼前進的同時,右掌向前直行穿出,

圖76 圖77 圖78

手臂外旋微屈，掌心向上，指尖向前（東南角），稍高於肩；左掌從右小臂上向裏經面前向左額外上方拉回托起，手臂內旋撐圓，掌心斜向上，指尖向右，高過頭頂；目向右前平視右掌（圖79、圖80）。

要點：

①本式開始的向左後翻身回轉動作（圖76、圖77），上體不是平旋轉，而是側翻，即通過左腰側含化和腰脊擰轉完成。右掌從翻轉到前穿的運動軌迹（圖75～圖78），連同身法，其特點是起伏大而又不規則的螺旋形，切忌平轉直進。眼神要接着上式右掌前伸，隨兩手動作的擰轉旋穿而追踪隨視，這還要運用頭頸靈活地微動相配合，但又不可忽視"頭頂項領"的基本要求。

②本式行進方向，是從西北角對東南角直綫前進。

37. 獅子追球（左式）

（1）上動不停，左脚向右脚前弧綫上步，脚尖內扣，膝微屈；接着右脚外擺向右側前（西南）方上步，脚尖正直，膝微屈和內扣，重心偏於在後的左腿；同時上體向右擰轉，面由東南轉向西南方；在變步右轉的同時，右掌由前先微向左上撩托，接着內旋順轉身向下向右前方推攔，手臂內旋撐圓，掌心向前，小指掌側向上，指尖向左，高與胸平；左掌從右額上方外旋向下，經胸前向右側前方貼右手腕向下穿插，手臂外旋微屈，掌心斜向右，指尖斜向下，形成左右兩手腕部上下交叉重疊之式，并置於胸前；目視兩掌（圖81）。

（2）上動不停，左脚向右脚前方上步，脚尖正直；右脚不動，兩腿微屈，重心偏於在後的右腿；同時上體微右轉，左掌從胸前右腕下繼續向前上方直穿，手臂外旋微屈，掌心向上，指尖向前，高與肩平；右掌從胸前左腕上向裏收回至左前臂內側上方，手臂內旋撐圓，

圖79

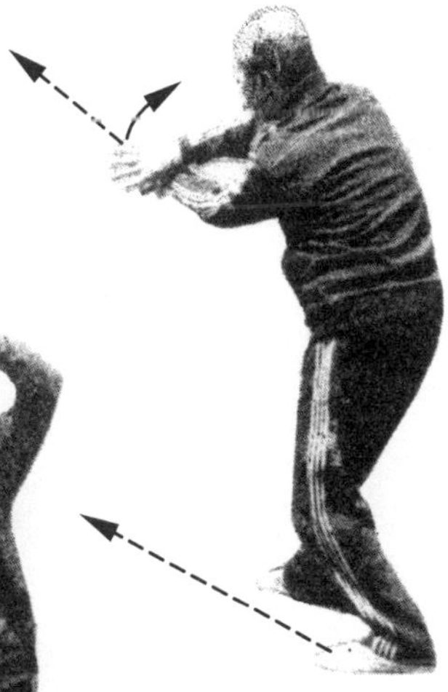

圖81

圖80

掌心向前，小指掌側向上，指尖向左，高與肩平；目視左掌（圖 82）。

（3）上動不停，右脚向左脚前方上步，脚尖正直；接着左脚再朝右脚前方上步，脚尖微内扣，兩膝微屈，重心偏於在後的右腿；兩脚相繼前進的同時，左掌向前直行穿出，手臂外旋微屈，掌心向上，指尖向前（西南角），稍高於肩；右掌在胸前從左小臂上向裏，經面前向右額外上方拉回托起，手臂内旋撑圓，掌心斜向上，指尖向左，高過頭頂，目向左前平視左掌（圖 83、圖 84）。

要點：

本式的行進運動方向，是由東南角右轉後，對着西南角直綫前進，其他有關要點可參閱上兩式的説明。

38. 獅子追球（左式）

（1）上動不停，左脚原地内扣，右脚不動，兩腿屈膝内扣，重心往左腿平移；同時上體向右側後含腰翻轉；隨右轉之勢，右掌從右額上方向上向右側外前方外旋擺開，手臂微屈，掌心斜向左，拇指向上，指尖向前，稍高於肩；左掌從左前方内旋向上向右擺至左額前上方，手臂内旋撑圓，掌心斜向上，指尖向右，高過頭頂；目隨視右掌（圖 85）。

（2）上動不停，左脚不動，右脚尖原地外擺向前，坐胯前伸；同時上體含胸繼續右轉，并向前微俯身；右掌從右前上方繼續向右前下壓，掌指方向不變，高與胸平；左掌從左額前向右側前下方朝着右手腕部下方貼腕下插，手臂内旋微屈，小指一側反向上，指尖向

圖82

圖83

圖84

圖85

前下，形成左右兩手腕部上下交叉重疊之式，并置於胸前；目向前俯視交叉兩掌（圖86）。

（3）上動不停，左脚向右脚前上步，對着東北角方向前進，脚尖正直；右脚尖原地外擺，兩腿微屈，重心偏於在後的右腿；上步的同時，上體擰腰右轉并漸伸展起立；隨前進右轉之勢，交叉的雙手先在胸前從下向右上做螺旋形貼腕小旋轉，緊接着左掌外旋并微向上向左向下再向右上成螺旋形朝前、向東北角方向穿出托起，手臂外旋微屈，掌心向上，指尖向前，略低於肩；右手內旋向裏回收至左前臂內側上方，手臂內旋撑圓，掌心向前，指尖向左，小指掌側向上，高與肩平；目隨視左掌（圖87）。

（4）上動不停，右脚向左脚前方上步，脚尖正直，接着左脚向右脚前方上步，脚尖微內扣，兩膝微屈，重心偏於在後的右腿；在兩脚相繼前進的同時，左掌向前直行穿出，手臂外旋微屈，掌心向上，指尖向前（東北角），稍高於肩；右掌左小臂經面前向右額外上方拉回托起，手臂內旋撑圓，掌心斜向上，指尖向左，高過頭頂；目平視左掌（圖88、圖89）。

要點：

本式要點與前第36式要點相同，唯架式相反，前爲左翻轉成右式，本式爲右翻轉成左式。本式的行進方向，是從西南角向東北角直綫前進。

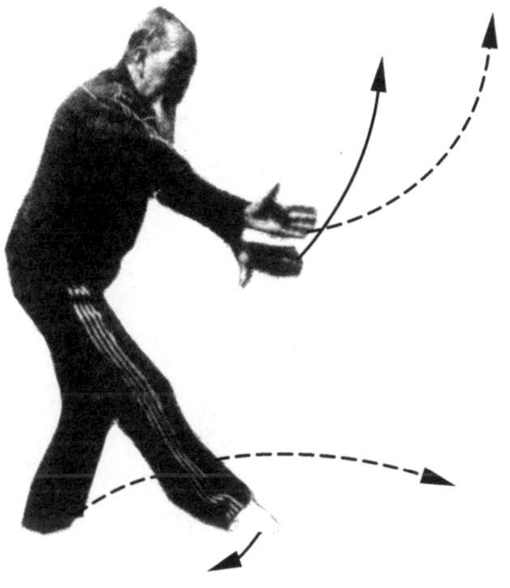
圖86

圖87

圖88

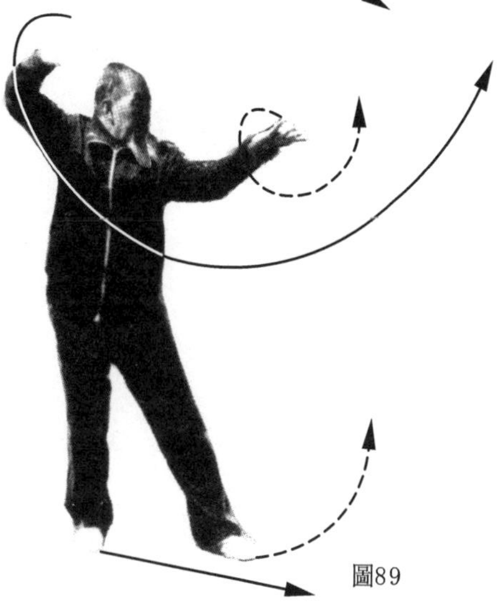
圖89

39. 獅子追球(右式)

(1) 上動不停,右脚向左脚前弧形上步,脚尖内扣,接着左脚外擺向左側前(西北)方上步,脚尖正直,兩腿微屈膝内扣,重心偏於在後的右腿。同時上體向左擰轉,面由東北轉向西北方;在變步左轉的同時,左掌由前先微向左上擦托,接着内旋順轉身向下向左前方推攔,手臂内旋撑圓、掌心向前,小指側向上,指尖向右,高與胸平;右掌從右額上方外旋向下,經胸前向左側前方貼左手腕下穿插,手臂外旋微屈,掌心斜向左,指尖斜向下,形成左右兩手腕部上下交叉重疊之式,并置於胸前;目視兩掌(圖 90)。

(2) 上動不停,右脚向左脚前方上步,脚尖正直,左脚不動,兩腿微屈,重心偏於在後的左腿;同時上體微左轉,右掌從胸前左腕下繼續向前上方直穿,手臂外旋微屈,掌心向上,指尖向前,高與肩平;左掌從胸前右腕上向裏收回至右前臂内側上方,手臂内旋撑圓,掌心向前,小指掌側向上,指尖向右,高與肩平,目視左掌(圖 91)。

(3) 上動不停,左脚向右脚前方上步,脚尖正直;接着右脚再向左脚前方上步,脚尖微扣,兩膝微屈,重心偏於在後的左腿;兩脚相繼前進的同時,右掌繼續向前直行穿出,手臂外旋微屈,掌心向上,指尖向前(西北角),稍高於肩;左掌在胸前從右小臂上向裏,經面前向左額外上方拉回托起,手臂内旋撑圓,掌心斜向上,指尖向右,高過頭頂。目平視右掌(圖 92、圖 93)。

圖90

圖91

圖92

圖93

要點：

以上的“獅子追球”共五式，構成一個佈滿全場的大連環，爲本套動作之精華！它以圓圈中心爲十字交叉的中心起點，緊接“獅子抖翎”式起變，經過五次翻轉换式，穿行四方，如行雲流水，瀟灑飄逸。演練時，五式貫串一氣，連綿不斷，而又要有緩有急，不可脱節。

40. 獅子撲球

（1）上式不停，右脚尖原地内扣，左脚不動，兩腿屈膝扣合，重心往右腿平行轉移；同時，上體微向後仰并向左側旋腰翻轉；順上體翻轉之勢，左掌從左額前向上經頭頂上方向左側外前方弧形下擺，手臂微屈，掌心斜向前，拇指向上，指尖向左後，高與肩平，右手從右前方内旋向上擺至頭頂上方；目視左掌（圖 94）。

（2）上動不停，兩脚不動，重心先往左後往右稍平移；同時，兩手從上繼續向左經身前向下向右弧形環擺，置於右胸前方，兩臂内旋撑圓，右手略高，左手略低，兩掌心均斜向右外，虎口相對，小指朝前；上體和頭部微右轉；目俯視兩掌（圖 95）。

（3）上動不停，兩脚仍不動，上體向左擰腰微轉；同時，兩手從右胸前微向右向下向裏弧形旋揉，收至小腹前，手臂撑圓，掌心向下，指尖相對，高與腹平；目注視前（南）方（圖 96）。

圖94

圖95

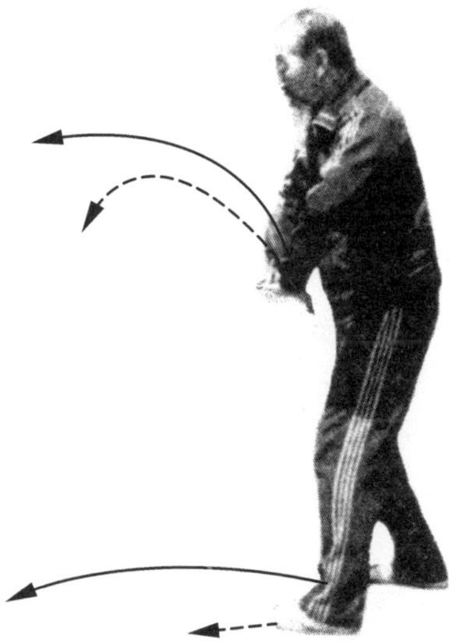

圖96

(4) 上動微停，右脚向正前（南）方邁一大步，脚尖微扣；左脚隨後跟進小半步，兩腿屈膝半蹲，重心偏於在後的左腿，成“三體式”步；在上步的同時，兩手從小腹前先外旋屈肘向上托於胸前（掌心向上不停），緊接着內旋向前按掌撲出，兩臂微屈，掌心均向下，指尖向前，右掌在前，高與肩平，左掌在後停於右肘內側下，高與胸腹平；目視右掌（圖 97）。

要點：

本式開始從右側向左側的翻身轉勢動作，既是側翻，又要微帶後仰，應運用腰脊旋擰進行運動，其勢則圓；兩手從右向左擺過來後，在胸前的旋揉動作，也是配合腰脊旋擰運動。按掌前撲要用沉勁，要脚到手到，形成整體。

41. 獅子回身

上動微停，左脚向左後方擺步，右脚隨之扣步跟進，兩腿微屈，重心落於右腿；同時，上體向左後轉，面由正南轉向東北角；隨變步轉身之勢，左手從胸前向下經腹前向左後上方順頭面部屈肘外旋上舉，掌心向裏，指尖向上，肘與肩平；右手從右前方向下弧形抄於腹前，手臂外旋微屈，掌心向上，指尖向前下方，高與腹平；頭隨身轉，目視左掌（圖 98）。

要點：轉身動步兩脚只是稍離原位，靠近東北側圈綫，仍在圈里，面向圈外，

42. 獅子轉身

(1) 上動不停，右脚向左脚前上步，脚尖內扣，左脚尖原地微外擺，兩腿屈膝內扣；同時，上體微左轉；右手從腹前向上經左前臂內側向上外旋穿出，手臂外旋屈肘上舉，掌心向裏，指尖向上，肘與肩平；左手由上內旋向下

圖97

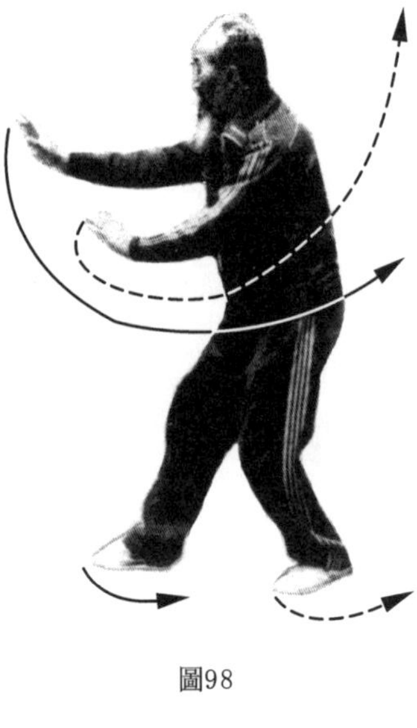
圖98

圖99

按至腹前，手臂內旋撐圓，掌心向下，指尖向右，高與腹平；目視右掌（圖 99）。

（2）上動不停，左脚經右脚後向右脚外側插步倒踩，脚前掌着地；右脚不動，兩腿微屈，重心落於右腿；同時，右掌在上反曲腕舉掌內旋平轉一小圈，置於頭頂上方，掌心斜向上，指尖向左，高過頭頂；左手在腹前外旋仰掌屈腕、向左經左腰側貼身向背後反插，屈肘貼於背後，掌心向外，指尖向右，高與腰平；上體面向圈外不轉，目先向上隨視右掌盤轉，隨即平視左前方（圖 100）。

（3）上動不停，右脚尖原地內扣，左脚外擺，并向左側外前移；同時上體向左後擰轉，胸向東南；在變步轉身的同時，左手從背後向東、順上體左旋之勢向左側上方弧形上擺，托架於頭頂左額前上方，手臂內旋撐圓，掌心斜向上，指尖向右，高過頭頂；右手由頭頂上方順左轉之勢外旋向下，經胸前貼右腰側向背後反插，屈肘貼於背後，掌心向外，指尖向左，高與腰平；目先隨身左轉側視左掌動勢後，隨即平視右前方（圖 101）。

要點：

①兩手先後向背後環繞反插動作要貼身；反插之手順轉身向外穿出動作，肩關節要鬆透，手臂要伸展旋轉，勢則圓活，切忌僵板。

②左脚所踩步位，已在圓圈東北側圈綫上，這一步不可錯位。

43. 獅子張口（右式）

上動不停，右脚向左脚前沿圈綫內側弧行上步，脚尖正直；左脚不動，兩腿微屈，重心落在左腿；同時上體向右微擰轉，右手從背後向下向右側外上方外旋托起，手臂外旋微屈，掌心向上，指尖向圓心方向，高與肩平；左手架於頭上不變，目平視右掌（圖 102）。

圖100　圖101　圖102

要點：

①本式爲“獅子張口”右式，和前面第 6 式（左式）恰好相反。其要點同。

②八卦獅形掌演練至此，再接收勢動作即結束。

另外，本式又可作爲“右勢轉掌”的起勢動作重新加練一套，以增加運動量。若加練“右勢轉掌”，就直接從本式起練，以作爲八卦獅形掌的第五至第八段，動作名稱、順序和要點皆同前，唯方向相反，可自行參照翻練。

44. 收勢（獅子按球）

（1）上式稍停，左脚向前上步，兩脚平排與肩同寬，兩腿同時慢慢立直；同時，兩手先在面前相合，再向下經胸前徐徐按至小腹前，兩臂微屈，掌心向下，指尖相對，高與腹平；目平視正前（南）方（圖 103）。

（2）上動微停，左脚向右脚内側并步靠攏，兩手由腹前分向大腿外側收回，成立正式收勢（圖 104）。

圖103

圖104

二　形意鷄形拳

形意鷄形拳簡介

“鷄形”是形意拳中的十二形之一。武術家們觀察發現:鷄有獨立之能,食米之巧,抖翎之雄,争鬥之勇,還有司晨報曉之功。古人仿效鷄的這些特性與神態,結合武術特點,創編出“鷄形拳”。

傳統的鷄形拳原是一個小組合套路,由“金鷄獨立、金鷄食米、金鷄抖翎、金鷄上架、金鷄報曉”等動作組成。其特點是:套路短小精幹,動作樸實無華,攻防招式簡練。且易學,流傳較廣。

沙國政老師在繼承傳統的基礎上,科學地總結了前人的寶貴經驗,并結合自己數十年的實踐,重新創編出這套“鷄形拳”。充實了“金鷄點頭、金鷄啄水、金鷄撒膀、金鷄争鬥、金鷄單展翅”等新穎别致的鷄形動作。同時還根據形意拳的特點,增添了拳法、掌法,縱跳及平衡動作,豐富和發展了鷄形拳的内容。

這套鷄形拳的基本特點是:套路豐滿,布局合理,勁力沉穩,剛柔互濟,伸縮旋轉,變化靈活,動作細膩,形象逼真。拳中的“三體式”動作,是經沙老師融滙了前輩形意名家翟樹珍、姜容樵、王者政三師之長合爲一體,實爲别具一格。

形意鷄形拳譜

第一段

1. 預備式

2. 三體式

3. 金鷄獨立(左式)

4. 金鷄獨立(右式)

5. 金鷄獨立(左式)

6. 金鷄獨立(右式)

7. 金鷄三跳

8. 金鷄食米

第二段

9. 金鷄抖翎

10. 金鷄上架

11. 金鷄報曉

12. 金鷄點頭

13. 金鷄啄水

14. 金鷄争鬥

15. 金鷄撒膀

16. 金鷄單展翅

17. 進步左劈掌

18. 進步右劈掌

19. 金鷄獨立

20. 金鷄食米

第三段

21. 金鷄抖翎

22. 金鷄上架

23. 金鷄報曉

24. 進步左劈掌

25. 轉身右鑽拳

26. 退步左劈掌

第四段

27. 金鷄獨立(左式)

28. 金鷄獨立(右式)

29. 金鷄獨立(左式)

30. 金鷄獨立(右式)

31. 金鷄三跳

32. 金鷄食米

第五段

33. 金鷄抖翎

34. 金鷄上架

35. 金鷄報曉

36. 金鷄點頭

37. 金鷄啄水

38. 金鷄争鬥

39. 金鷄撒膀

40. 金鷄單展翅

41. 進步左劈掌

42. 進步右劈掌
43. 金鷄獨立
44. 金鷄食米

第六段

45. 金鷄抖翎
46. 金鷄上架
47. 金鷄報曉
48. 進步左劈掌
49. 轉身右鑽拳
50. 退步左劈掌
51. 收式

第一段

1. 預備式

（1）身體直立，兩臂自然下垂，兩脚跟靠攏成立正姿勢，兩脚尖外展 60 度；頭正頸直，目平視正前方（圖 1）。

（2）上體向右轉 45 度，同時右脚向後向右擦地拖轉，脚尖微外擺；同時，右脚後跟帶動左脚向內扣 30 度；兩脚跟靠攏，左脚後跟在前，右脚後跟在後；兩脚伸直并攏；兩手不動，目平視左前方（圖 2）。

要點：頭頸自然竪直，面部表情自然，口微閉，舌尖抵住上齶；不要挺胸或拱背，兩臂鬆垂，全身自然放鬆；脚的轉動要和身體的轉動一致，避免左右搖擺或肩部歪斜；精神貫注，呼吸自然。

2. 三體式

（1）兩手向外翻轉，兩臂外旋從體側向前上托起，兩臂寬約 90 度，肘部微屈，掌心向上，高與肩平；目視前方（圖 3）。

（2）上動不停，兩臂屈肘收掌，前臂內旋使掌心由上向內向下，經面部兩側下落，握拳停於小腹前（隨落隨變握拳），兩拳面相對，拳心向下，兩拳相距約 10 厘米，兩手下落的同時，兩腿屈膝半蹲，兩膝靠攏；目平視左前方（圖 4、圖 5）。

（3）按上動，右前臂外旋，右拳經胸前經下頜處向前上方鑽出，前臂外旋，小指翻轉向

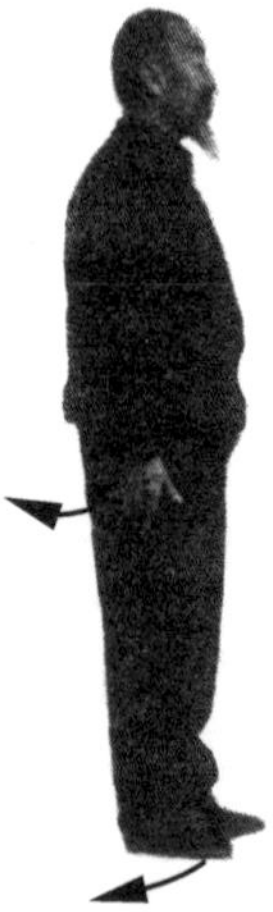

圖1

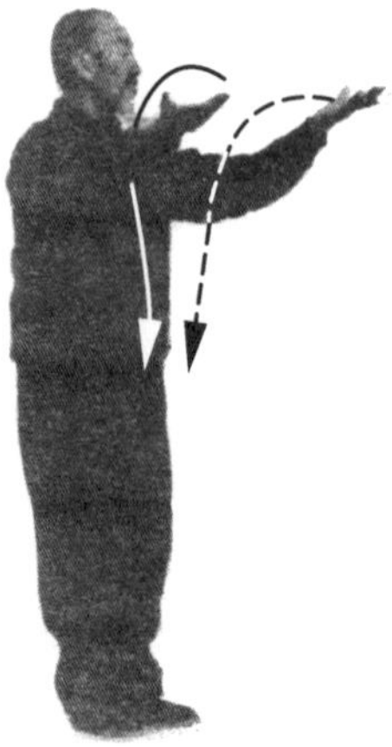

圖2

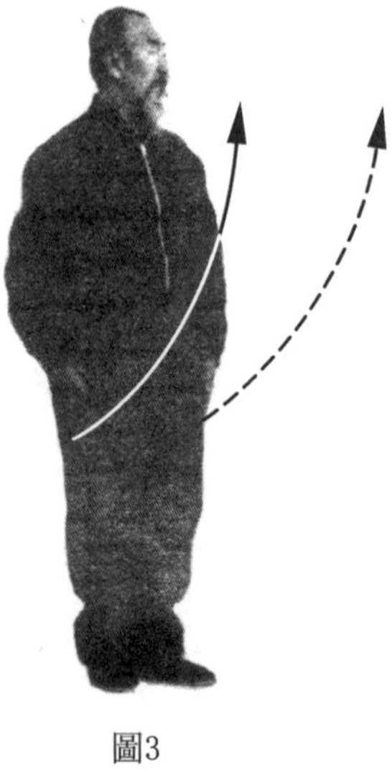

圖3

上，肘尖下垂，拳心斜向上，高與鼻尖平；左手在原位不動，拳心向上；同時，右脚向前上一步，脚尖外擺，膝部微屈，重心落在兩脚之間；目視右拳（圖 6）。

（4）接上動，左脚向前邁一步，膝微屈，脚尖微内扣，脚趾抓地；重心偏於右腿；同時，左拳上鑽經胸前和下頜處順着右前臂内側上方向前鑽出，至兩拳接近時，兩拳同時變掌，左掌内旋向前下劈出，肘微屈，掌心向前下方，指尖向前上方，五指自然分開，掌心内含，高與胸平；右掌内旋從上向下回收至腹前，掌心向前下方，拇指根節緊靠肚臍旁，手腕下揚；目視左手食指（即三體式）（圖 7）。

要點：

①兩掌上托不要聳肩，兩臂不宜太直；兩脚伸直并攏。

②翻掌下，身體要正，兩掌要用内含力；兩肘抱肋，兩膝靠緊；頭頂頸直，含胸斂臀。

③上步鑽拳，右腿尖外擺 45 度～60 度，重心落於兩腿之間；右拳前臂向外擰緊，肘向内裹墜。

④上步劈掌時（即三體式），上體要正直；兩肩向下鬆垂，肩窩處略向後縮，左手食指要向上挑，拇指盡力向外撐開，虎口成半圓形，手心向裹扣；右前臂靠在腹部右側，五指撐開，揚腕含胸；兩肋肌肉向下舒展（或稱束肋）；腹部自然充實（俗稱沉氣），但不要故意鼓腹；

圖4

圖5

圖6

圖7

背部肌肉盡力向前側展開(則所謂拔背);兩胯略向後收縮(縮胯),兩膝微向裏扣,臀部與後脚根上下相對;脚趾扣地;重心偏於右腿。

3. 金鷄獨立(左式)

(1) 左脚向左前方進半步(墊步),脚尖微向內扣,屈膝前弓;右脚不移動,伸膝向後蹬撑;同時,左手臂向左前上方提腕,肘部微屈,掌心向下,高與肩平;右手在原位不動,上體略向前俯,重心落在左腿上;目視左手腕(圖 8)。

(2) 上動不停,右掌從左掌下向前穿出,手臂內旋微屈,掌心向下,高與胸平;左掌自前向下收至左側腰間,掌心向下;同時,右腿隨之跟到左腿內側,脚跟踮起,緊靠在左腿踝關節處,成左獨立步;目視右掌(圖 9)。

要點:

①右腿後蹬撑,要略屈;左手向上提腕時,要沉穩,有如提重物之感。

②右脚靠左脚和右手前穿要同時進行,身體要平穩;上體微前俯,肩沉頂頸,坐胯斂臀。

4. 金鷄獨立(右式)

上動微停,右脚向右前方進一步,屈膝半蹲;左腿隨之跟到右腿內側,脚跟踮起,緊靠在右腿踝關節處,成右獨立步;同時,左掌由右掌下面向前穿出,手臂內旋微屈,掌心向下,高與胸齊;右掌從前向下收至右側腰間,掌心向下;目視左掌(圖 10)。

要點:

右腿向前進步(縱步)要大,速度要快,身體要平穩;左腿跟進要輕,動作要連貫緊密;

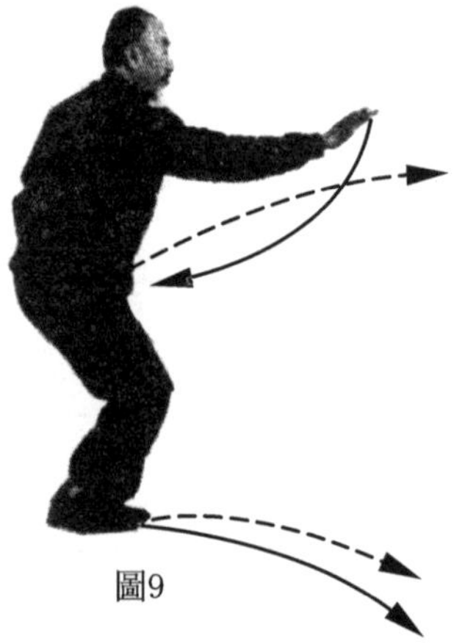

圖9

圖8

圖10

兩腿要靠緊，支撐腿要平衡站穩；要頂頭豎頸，轉腰順眉，沉肩探臂，坐胯斂臀。

5. 金鷄獨立（左式）

上動微停，接練。本式動作同第 4 式"金鷄獨立"，唯手脚動作相反（圖 11）。

要點：

同第 4 式"金鷄獨立"的要求。

6. 金鷄獨立（右式）

動作和要點皆同第 4 式"金鷄獨立"(圖 12)。

7. 金鷄三跳

上動微停，左脚向前進半步（縱跳），隨即右脚向左脚前進步（縱跳），接着左脚再向右脚前進步；兩腿屈膝成左三體式；目視左掌（圖 13）。

要點：

進步時速度要快，身體要平穩；三步要連貫緊密，不能脱節；塌腰，鬆肩。

8. 金鷄食米

上動微停，右脚向左脚跟靠近，兩腿屈膝半蹲；同時，右手變拳從右腹前向前綳出，肘微屈，拳眼向上，高與胸平；左手掌扣於右腕之上，掌背向上；目視右拳（圖 14）。

要點：

右脚跟步與右拳綳出要一致，速度要快，

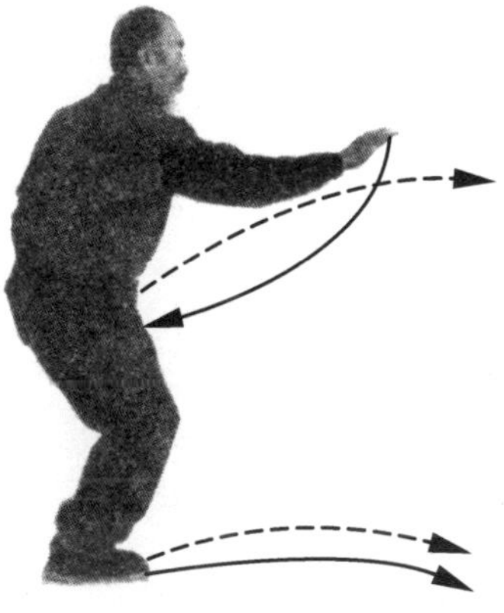

圖11

圖12

圖13

圖14

要用綳力，頭頂頸豎，沉肩含胸，坐胯斂臀，氣沉丹田。

和左脚向後蹬撑用勁整齊一致；左腿跟不能離地；轉身時，腰部要用勁扭轉，以保持身體的完整性；塌腰縮胯；動作速度要快，勁力要完整。

第二段

9. 金鷄抖翎

（1）上動微停，身體向右轉約 90 度，右腿向後退一步，左腿也隨之稍向後撤，兩脚成右重左輕的馬步；同時，兩臂屈肘握拳交叉於胸前（左拳在裏，右拳在外），拳心向裏；目視兩拳之間（圖 15）。

（2）上動微停，身體再急向右轉，左腿伸膝向後蹬撑；同時，左拳盡力向左下方撑開，手臂内旋撑圓，拳心向左後下方，停於左胯旁；右拳提臂向右額角前上架撑，手臂内旋撑圓，小指一側向上；目視左前下方（圖 16）。

要點：

左拳與右拳分撑時，要與右腿向右扭轉

10. 金鷄上架

上動微停，左脚向右脚前跳一步，屈膝半蹲，右腿隨之跟在左腿内側，右脚靠緊左踝關節處，脚跟踮起，成左獨立步；同時，右拳變掌經胸前（貼近身體）向左下方插下，掌心向外；左掌由左下方經胸前向右上方上穿，停在右肩前，掌心向右側，指尖向上；目平視右前方（圖 17）。

要點：

左掌上穿和右掌下插動作要一致，兩臂要貼近身體，手腕手背要平直，手指挺直，兩手的小指要向裏用勁，身要正，頭要頂，腰要塌，兩腿靠緊。

圖15

圖16

圖17

11. 金鷄報曉

上動微停,右脚向前進一步,膝部微屈,左脚隨之跟進半步,體重偏於左腿;同時,兩臂上下分開,右掌挑起高與眼平,指尖向上,臂微屈;左手下掛停於左胯旁,掌心向下,臂部撑圓;目視右手食指(圖 18)。

要點:

右手前挑和左手下掛要與右脚落地動作協調一致;上挑的手要用力,兩臂要鬆,頭要頂,腰要塌,氣要下沉。

12. 金鷄點頭

上動微停,兩掌變拳,右拳下落回收至腹前再向上經胸前由下頜處向前、向上鑽出,拳心向上;上式不停,左拳隨即順着右臂内側向前鑽出(拳心向上),到兩拳接近時,左拳變掌向前下塌掌,手臂外旋微屈,掌心向前上方,指尖向前下方成仰掌,高與胯平;右拳變掌從前上向下收回右側腰間,前臂外旋,掌心向前上方,指尖向前下方成仰掌;同時,右脚向後提起至左脚内側上方時,急速向下落地震脚,屈膝半蹲;隨即左腿屈膝向上微提,左脚内側靠在右脚内側踝關節處,脚跟踮起,成右獨立步;上體向前略俯;目視左掌(圖 19)。

要點:

右手上鑽要向外擰;左掌下塌要和右手回收與右脚落地動作用力協調一致,勁力要完整;獨立步要穩,右脚落地時要沉着有力;頭要頂,肩要鬆沉,胯要縮,氣要下沉。

13. 金鷄啄水

上動微停,左脚向前跟進一步,右脚隨之進步靠近左脚跟,兩腿屈膝半蹲;同時,右掌變拳内旋從右腰側向前下擊出,手臂伸直,拳心向下,高與胯平;左掌内旋扣於右小臂之上,掌心向下;目視右拳(圖 20)。

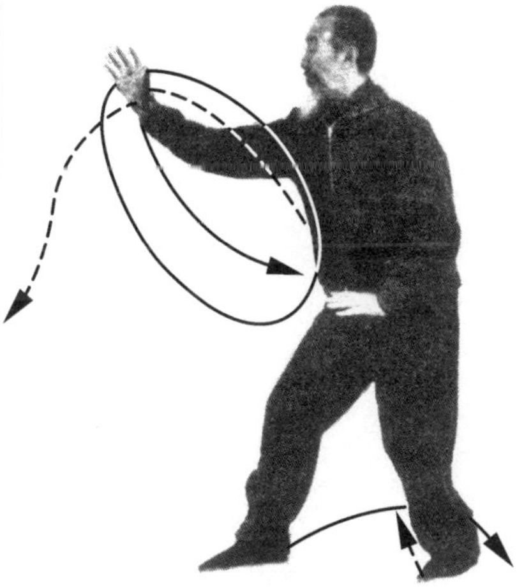
圖18

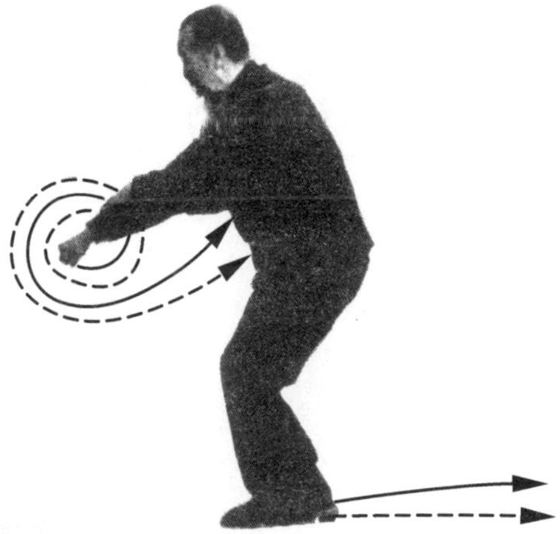
圖20

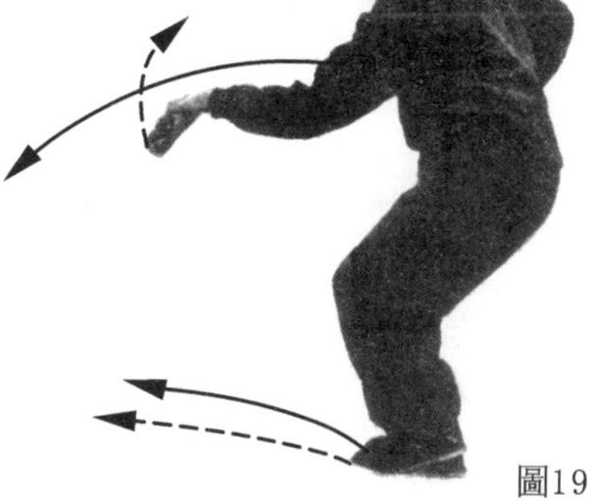
圖19

要點：

前脚落地與左掌翻扣要同時進行，後脚（右脚）跟步要和右拳打出整齊一致，速度要快，勁力要猛、要完整，要用爆發力。

14. 金鷄争鬥

上動微停，左掌順着右前臂上方向下推出一次，再順着右前臂上方向上縮回原位；右手不動；右脚向後撤一步，隨即左脚也撤到右脚内側處；兩腿并攏，屈膝半蹲；同時，左掌順着右前臂上方向下推至右拳背上時，右拳變掌隨同左掌以腕關節爲軸，從上向下向裏經兩臂内側向上向前轉一圈，再向下收回左右腹前，前臂外旋，掌心均向前，指尖向下；上體正直；目視正前下方（圖 21）。

要點：

左掌順右前臂向下推出快速滑動，兩掌翻轉要圓活，向裏回收要有回帶的力；右腿向後撤步要用力向後蹬撑，左腿回撤要與兩掌回收用力整齊一致，要有頓挫力，動作要完整。

15. 金鷄撒膀

上動微停，左脚向前進半步，伸膝蹬直；隨即右腿提膝向上蹬出，膝部微屈，脚尖外撇，高與腹齊；同時，兩手掌跟相對（相離約 15 厘米）向前推出，肘微屈，大指一側向上，掌心均向前，指尖分向左右前方，高與胸平，目視兩掌之間（圖 22）。

要點：

左腿支撑要穩固，脚趾抓地；右脚向前蹬出要與兩掌向前推出同時用力，動作要協調一致，勁力要完整；身體要正直，兩肘要内扣護胸。

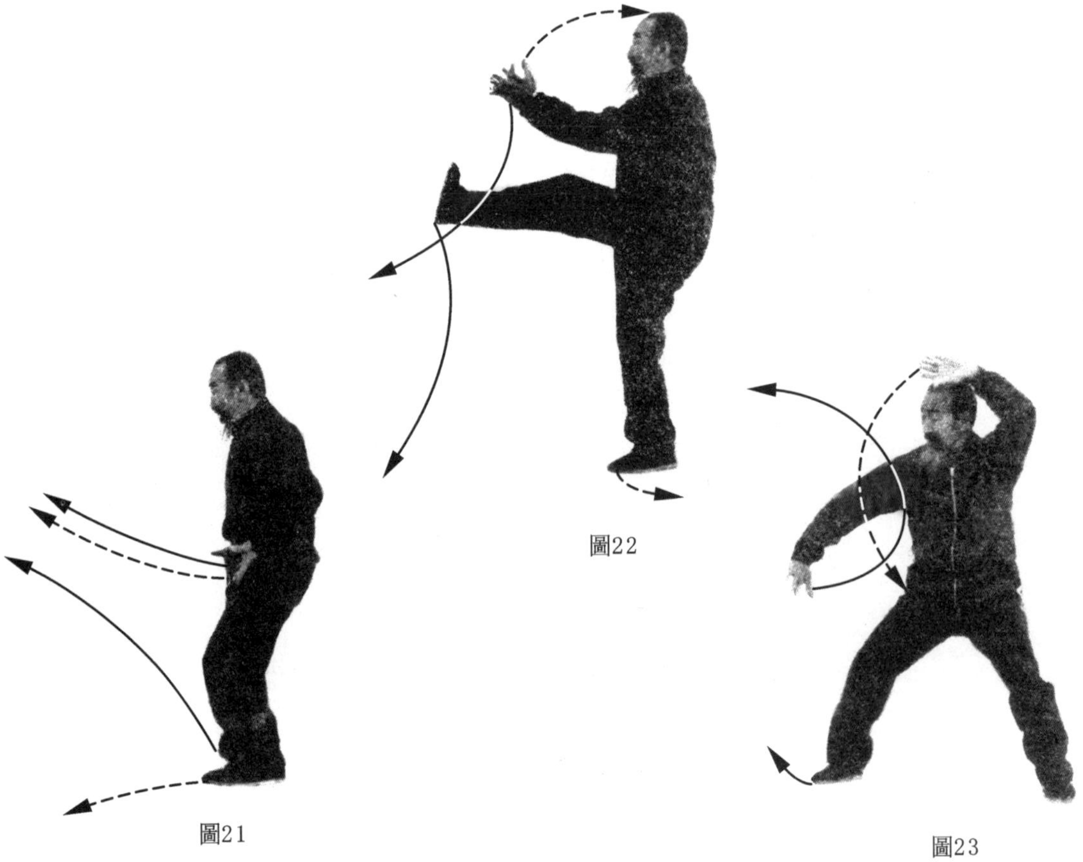

圖22

圖21

圖23

16. 金鷄單展翅

上動不停，右脚向前下落步，脚尖內扣；左脚尖微向外擺；兩腿屈膝下蹲成馬步；同時，上體向左轉約 90 度，左掌從前向頭頂左額前上方撐架，手臂內旋撐圓，掌心向上；右掌內旋從前上向右側下撐開，手臂撐圓，虎口向下，高與胯平；目視右掌（圖 23）。

要點：

左手上架要有向外撐的內力，右手下撐要有向前下的撐勁。上下動作要協調一致，勁力要飽滿。

17. 進步左劈掌

（1）上動微停，右脚尖向右側外擺，屈膝前弓；左脚伸膝向後蹬撐；同時，上體向右轉約 90 度，右手握拳收回腹前再向上經胸前和下頜處向前上鑽出，手臂外旋微屈，拳心向上，高與鼻尖齊；左手握拳下落至胸前，屈肘外旋，拳心向上，上體微向前俯；目視右拳（圖 24）。

（2）上動不停，左脚向前進一步，右脚隨着跟進半步，重心偏於右腿，兩膝微屈成左三體式；同時，左手順右臂內側向前劈下，手臂微屈，掌心向前下方，指尖向前上方，高與肩齊；右手自前上向下收至胸前；掌心向前下方；目視左掌食指（圖 25）。

要點：

右脚外擺和右手前鑽動作一致；左脚前進與左掌前劈動作一致；左脚上步要有踩勁。

18. 進步右劈掌

（1）上動微停，左掌由前上向下回收至腹前變拳，再經胸前由下頜處向前、向上伸出，拳心向上，右拳不動；同時，左脚向前墊步，脚尖外擺；右脚不動；目視左拳（圖 26）。

圖25

圖24

圖26

(2) 上動不停，右拳順左臂內側向前鑽出（拳心向上），當兩拳接近時，速向裏向前下翻轉變掌前劈，手臂內旋微屈，掌心向前下方，指尖向前上方，高與肩齊；左拳變掌後繼續內旋向下向後收至腹前，掌心斜向前下方；同時，右腳前邁一步，左腳隨之跟進半步，重心偏於左腿，成右劈拳式；目視右掌食指（圖 27）。

要點：

與“進步左劈掌”要點相同，唯方向相反。

19. 金鷄獨立

上動微停，兩掌下抓變拳，右拳再經胸前由下頜處向前、向上鑽出，拳心向上；左拳隨即順右臂內側向前伸出，兩拳接近時，向內翻轉變掌向前下劈，高與腰平；右掌撤到腹前，兩掌心均向前下方；同時，右腳撤至左腳位置急速落地震腳，屈膝半蹲；左腳隨之提起，靠在右踝關節處，腳跟踮起，成右獨立步；目視左掌（圖 28）。

要點：

左掌下劈要和右腳落地動作一致；獨立步要穩；左腳落地震腳要沉着有力。

圖28

圖27

圖29

20. 金鷄食米

左脚前進一步，右脚隨之前進靠近左脚跟，身體略向下蹲；右掌變拳在進左脚的同時，向左掌下方打出；左掌扣於右腕之上；目視右拳（圖 29）。

要點：

前脚落地與右拳打出要同時，速度要快。

第三段

21. 金鷄抖翎

動作和要點與第 9 式“金鷄抖翎”相同，唯動作方向相反（圖 30、圖 31）。

22. 金鷄上架

動作和要點與第 10 式“金鷄上架”相同，唯動作方向相反（圖 32）。

23. 金鷄報曉

動作和要點與第 11 式“金鷄報曉”相同，唯動作方向相反（圖 33）。

24. 進步左劈掌

（1）上動微停，右掌向外翻轉下壓，掌心向上；同時，右脚略向前移，脚尖外擺；目視右掌（圖 34）。

（2）上動不停，左脚向前進一步，右脚隨

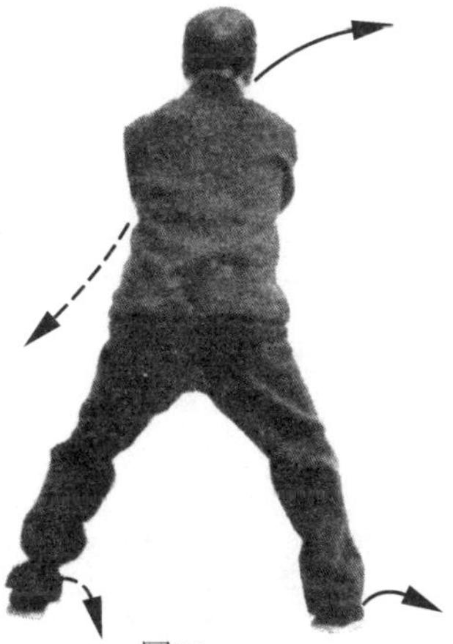

圖30

圖31

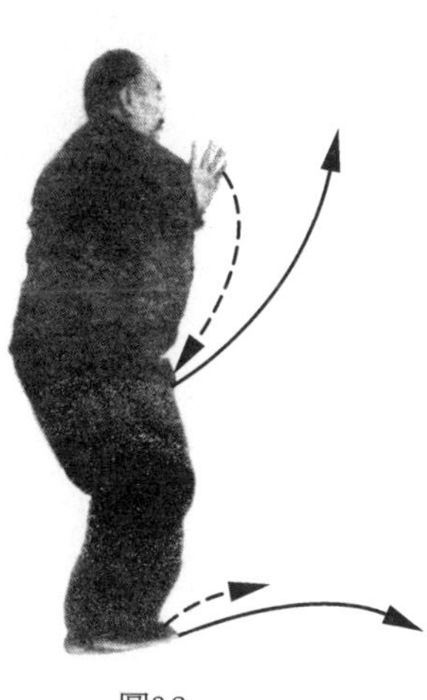

圖32

圖33

跟進半步，重心偏於右腿，兩膝微屈成左三體式；同時，左手順右臂內側向前下劈出，高與肩齊，右掌從前向下收至腹前，掌心向前下方；目視左掌（圖 35）。

要點：

墊步和左掌外翻下壓動作要一致；左腳前進與左掌前劈動作同時進行；動作要連貫完整。

25．轉身右鑽拳

上動不停，左腳尖內扣，兩膝內扣；同時，身體向右轉 90 度，右手握拳向上經胸前由下頜處向前、向上鑽出，手臂外旋微屈，拳心向上，高與鼻平；左手由上向下變拳收至腹前，拳心向下；頭向右後擺動；目視右拳（圖 36）。

要點：

右拳上鑽要有向外的擰勁；頭要頂，腰要塌，坐胯扣膝，上下擰緊。

26．退步左劈掌

上動不停，右腳向左腳後退一步；左腳尖內扣；兩膝微屈成左三體式，重心偏於右腿；同時，左拳向上經胸前由下頜處向前、向上鑽出，到兩拳接近時，向內翻轉變掌向前下劈出，高與肩齊；右拳變掌內旋向下回收至腹前，兩掌心均向前下方；目視左掌（圖 37 和附圖）。

要點：

右腿後撤與左掌前劈動作要一致。其他同三體式的動作要求。

第四段

27．金鷄獨立（左式）
28．金鷄獨立（右式）
29．金鷄獨立（左式）
30．金鷄獨立（右式）
31．金鷄三跳
32．金鷄食米

說明：本段第 27 式至第 32 式的動作，與第一段中的第 3 式至第 8 式完全相同，唯行進方向相反，故不贅述。請參照前面有關的動作說明、要點及圖 8～圖 14 練習。

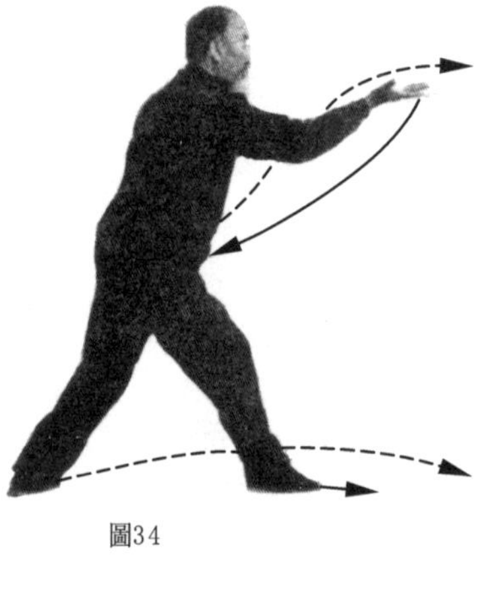

圖34

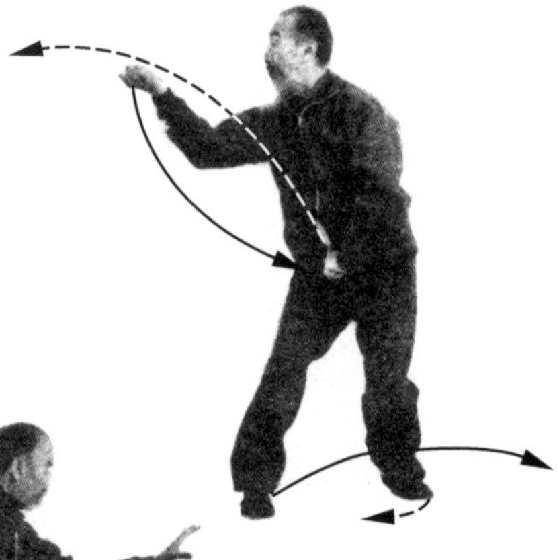

圖36

圖35

第五段

33. 金鷄抖翎

34. 金鷄上架

35. 金鷄報曉

36. 金鷄點頭

37. 金鷄啄水

38. 金鷄争鬥

39. 金鷄撒膀

40. 金鷄單展翅

41. 進步左劈掌

42. 進步右劈掌

43. 金鷄獨立

44. 金鷄食米

說明:本段第 33 式至第 44 式的動作,與第二段第 9 式至第 20 式全段相同,唯行進方向相反,故不贅述。請參照前面有關的動作說明、要點及圖 15～圖 29 練習。

第六段

45. 金鷄抖翎

46. 金鷄上架

47. 金鷄報曉

48. 進步左劈掌

49. 轉身右鑽拳

50. 退步左劈掌

說明:本段第 45 式至第 50 式的動作,與第三段第 21 式至第 26 式全段相同,唯行進方向相反,故不贅述。請參照前面有關的動作說明、要點及圖 30～圖 37 練習。

51. 收式

(1) 待上動微停,右手前伸至左掌下,掌心向下,左手掌心向下蓋在右掌背上;隨即兩掌同時外旋翻轉掌心向上,左掌在上,右掌在下,手臂微曲;目視兩掌(圖 38)。

(2) 上動不停,兩臂屈肘向上、向裏、向下內旋按落至左右體側;同時,左脚收回和右脚靠攏,然後隨手下落時慢慢伸膝向上蹬直成立正姿勢(如圖 1)。

要點:

收式動作要平穩緩慢,兩掌向下按落的同時,兩腿要徐徐伸直,引氣下沉;全身自然放鬆。

圖37

圖37(附圖)

圖38

三　武當八仙劍

武當八仙劍簡介

劍，古兵器名，中國武術短器械之一。

劍術，據説源於商代。古今流傳的劍術套路很多，“八仙劍”是傳統劍術套路之一。然而在民間流傳的以“八仙劍”爲名的套路，所見不下十餘種，也都具有各自的風格。

這套“武當八仙劍”，是沙老在 1920 年十六歲時從山東福山王顯臣（者政）老師學練的。在套路結構，神形風韻，劍法運用方面，都是别具一格，深得沙老喜愛。

這套“武當八仙劍”的構思，取材於神話故事中的八位仙人（吕洞賓、鐵拐李、張果老、何仙姑、漢鐘離、韓湘子、藍采和、曹國舅）的動作姿態。結合武術特點，寓劍法於其形，藏其意於身法之中。沙老在長期的習練中體會到，這套八仙劍是以武當内家功底爲基礎，以“八仙”爲形，以劍的“擊、刺、削、點、綳、抹、雲、挑……”爲法，使劍法與神形緊密結合。這套劍的基本特點可歸納爲：動作樸實無華，勁力剛柔兼備。形似“八仙”神態，勢如游龍戲珠，且劍法多變，具有鮮明的傳統特色。此外還有兩個重要特點：一是左手的劍指，時而變掌交替運用，使動作更加新穎；二是這套劍路可與雙槍對練，宛如單鳳戲雙龍，是一套難得的“劍進雙槍”的老傳統對子。這套劍因此又名“二龍戲珠”。

這是一套寶貴的傳統老劍，在如今又别開生面，不僅特點突出，而且内容豐富，故進行整理時，基本保存了原來的架勢，只對起式與收式做了整理，保持了固有的特色。

“武當八仙劍”還保留有古傳歌訣，抄録如下，供大家參考。但爲便於習者記憶理解，整編動作名稱則采用新名。

歌曰：

拐李先生劍法高　果老湛盧削鳳毛
洞賓背劍清風客　鐘離揮扇樂逍遥
國舅走動鬼神懼　采和四門放光豪
仙姑擺下八卦陣　湘子追魂命難逃

劍的各部位名稱、術語、基本劍法說明

1. 劍的各部位名稱

劍器有“百兵之君”“兵刃之師”的美譽，從古演變發展至今，已有數千年的歷史。在現代武術運動中，劍是一項主要的運動器械。今依現代劍器各部位的名稱簡述於下。

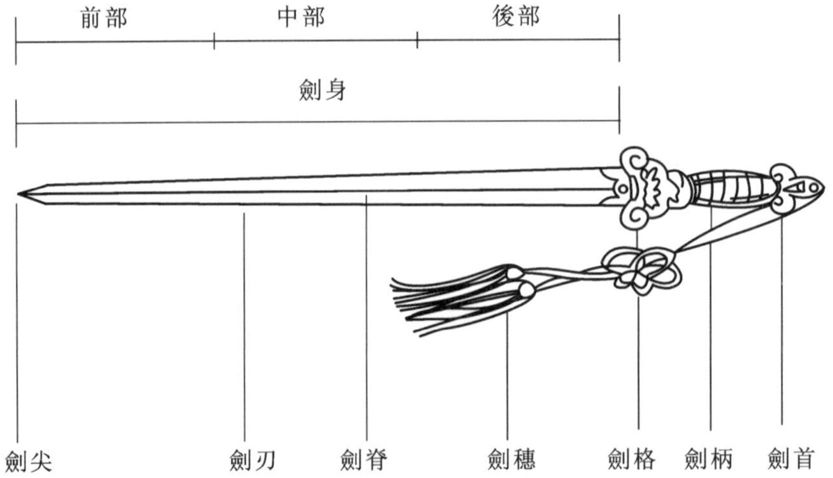

劍尖：劍身最前端尖銳的部位稱之爲劍尖。

劍刃：劍身兩側鋒利的部位稱之爲劍刃。

劍身：劍尖至劍格之間的整體和全長稱之爲劍身。劍身又分爲前、中、後三部分。

劍脊：起於劍尖、止於劍格，位於劍身中央一條隆起的直綫，稱之爲劍脊。

劍格：劍身與劍柄之間作爲護手的部分，稱爲劍格，亦叫護手。

劍柄:劍格以後作爲手握的部位,稱之爲劍柄。

劍首:劍柄的後端稱爲劍首,又名劍鐓。

劍穗:劍首上的絲綫穗子稱爲劍穗,有各種顔色,主要起裝飾作用。

2. 術語

立劍:劍刃上下向爲立劍。

斜立劍:劍的上刃斜向左(右)上方,下刃斜向右(左)下方,稱爲斜立劍。

平劍:劍刃左右向爲平劍。

横劍:劍身與身體正中綫垂直,劍尖向左(右),劍首向右(左),稱之爲横劍。

竪劍:劍尖向上,劍首向下爲竪劍。

斜竪劍:劍尖斜向上,劍首斜向下爲斜竪劍。

垂劍:劍尖向下,劍首向上爲垂劍。

斜垂劍:劍尖斜向下,劍首斜向上爲斜垂劍。

臂内旋:以兩臂自然下垂,手心朝前爲例,“内旋”就是使手心從前經内側轉向身後。

臂外旋:以兩臂自然下垂,手心向後爲例,“外旋”就是使手心從裏轉向身前。

劍指:中指與食指伸直并攏,其餘三指屈於手心,拇指壓在無名指第一指節上。

3. 基本劍法

刺

成立劍(刃分上下)或平劍(刃分左右)向前、向後、向上直出者爲刺,力達劍尖。是用於進攻的劍法之一。

劈

成立劍,用劍刃前端或中部由上向下爲劈,力達劍刃。是用於進攻的劍法之一。

點

成立劍,劍尖斜向上,繼而提腕使劍尖猛向下爲點,腕部用力,力達劍尖。是一種靈巧的進攻劍法。

綳

成立劍，用腕的彈勁使劍尖猛向上爲綳，力達劍尖。是一種靈巧的進攻劍法。

撩

成立劍，用下刃前端由下向前上方爲撩。前臂外旋，手心向上，在體側弧形撩出，爲正撩；前臂内旋，手心向外，在身體左側貼身弧形撩出，爲反撩。是用於進攻的劍法之一。

帶

成平劍或立劍，由前向側或側後抽回爲帶。是攻防兼用的劍法之一。

格

用劍刃從後向前移動抽割格擋爲之格劍。是主要用於防守的劍法之一。

掛

屈肘屈腕使上刃從下向後向上移動爲掛（劍身貼左腿或右腿外側）。

架

立劍，横向前架起，劍身平，高過頭頂，力達劍身。

穿

成平劍，劍尖經胸腹部弧形向前穿擊，爲前穿劍，力達劍尖。

挑

成立劍，直臂由下向上爲挑劍，力達劍尖。

絞

以腕爲軸使劍尖從左（右）向上向右（左）向下復向左（右）成小立圓繞環爲絞，力達劍身前部。

抱

右手持劍，屈肘抱於胸前劍尖朝右爲横抱劍；劍尖向上爲立抱劍：劍尖向前爲平抱劍。

掃

成平劍，劍身與踝關節同高向左（右）平行横擊爲掃劍（旋轉横擊），力達劍身。

截

劍身斜向上或斜向下爲截，力達劍身前部臂與劍成一直綫。

武當八仙劍譜

第一段

1. 預備式
2. 虛步穿指
3. 踢腿揮手
4. 并步亮指
5. 丁步側指
6. 叉步護劍
7. 虛步藏劍
8. 馬步格劍
9. 虛步下切
10. 虛步戳劍
11. 弓步平刺
12. 虛步戳劍
13. 弓步後截
14. 馬步抱劍
15. 弓步下劈
16. 轉身掃劍
17. 提膝挑劍

第二段

18. 腕花劈劍
19. 縱步上挑
20. 仆步下劈
21. 仰身反劈
22. 插步劈劍
23. 馬步格劍
24. 弓步平刺
25. 馬步抱劍
26. 弓步下劈
27. 轉身掃劍
28. 弓步挑劍
29. 左踢腿
30. 叉步上截
31. 弓步刺劍
32. 弓步領劍
33. 提膝下截
34. 踮步輪劈
35. 腕花銼劍
36. 虛步前指

第三段

37. 行步穿劍
38. 蓋步帶劍
39. 叉步後刺
40. 左拍脚
41. 左斬右撥　弓步劈劍
42. 行步帶劍
43. 馬步格劍

44. 提膝抱劍
45. 弓步刺劍
46. 劃地帶劍
47. 弓步提劍
48. 提膝壓劍
49. 跳步點劍
50. 提膝探刺

第四段

51. 蓋步裹絞
52. 虛步撩劍
53. 提膝壓劍
54. 歇步劈劍
55. 轉身格劍
56. 歇步格劍
57. 弓步托劍
58. 歇步截劍
59. 弓步托劍
60. 歇步截劍
61. 弓步托劍

第五段

62. 左右撥劍
63. 右行步挺劍
64. 左行步抹劍
65. 右行步挺劍
66. 提膝探劍

第六段

67. 蓋步外絞
68. 撤步擺劍
69. 提膝抄劍
70. 弓步探刺
71. 弓步劈劍
72. 行步帶劍
73. 馬步格劍
74. 弓步刺劍
75. 左右劈劍
76. 弓步刺劍
77. 提膝亮劍
78. 虛步穿指
79. 并步按指
80. 收勢

第一段

1. 預備式

面向南，兩腳并步站立，兩臂自然下垂於身體兩側（手心均向後）；左手反握劍，使劍豎直貼靠於左臂後面，劍尖向上；目平視正前方（圖 1）。

要點：

豎項、頭微上頂，肩肘自然下沉，空胸實腹，腿要靠攏，膝要挺直。

2. 虛步穿指

（1）兩腳不動，兩手微外展；同時，右掌變劍指按於右腰側，手心向下，指尖向左前（東南）方；頭向左（東）轉，目視左方（圖 2）。

（2）右腳向右後（西北）方撤一步；同時，上體右轉，胸向西偏北；右劍指隨轉腰之勢向下、向右後弧形領擺，手心向下，劍指向西偏北；頭隨腰轉，目視右劍指（圖 3）。隨之上體左轉，胸向南偏東；右劍指隨轉腰之勢微向上、向前、向左弧形領擺至小腹前，手心仍向下，指尖向東；同時，重心後移，右腿屈膝半蹲，左腳微內移，腳掌點地成左虛步；頭隨腰轉，目視左前（東南）方（圖 4）。

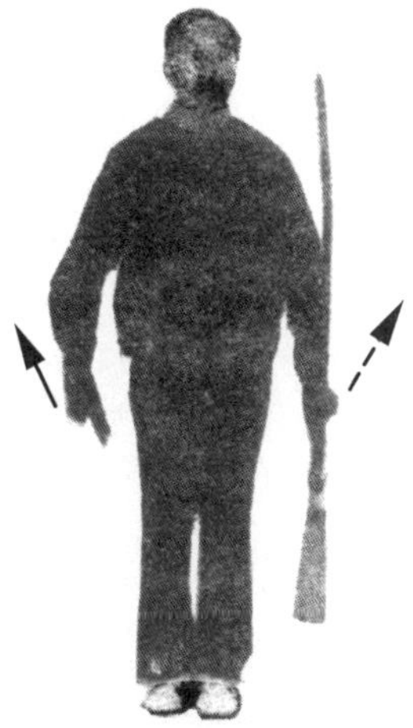

圖1

圖2

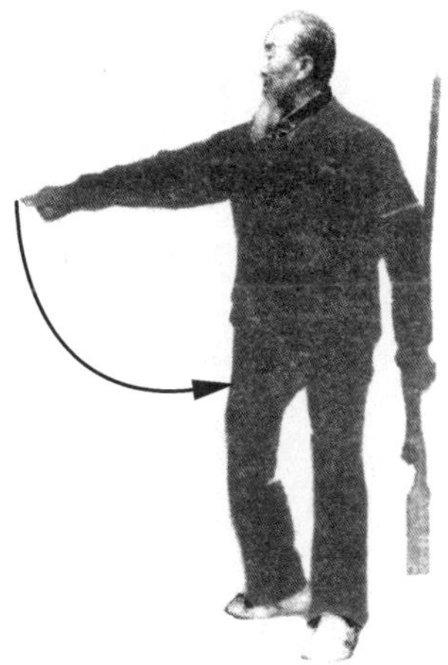

圖3

圖4

（3）緊接上動，兩腳不動，上體向右擰轉，胸向西偏北；右劍指隨轉腰之勢向前、微向上、向右、向後弧形領擺，手心向下，指尖向西北；右劍指繼續劃弧至後方時臂外旋使手心向上屈肘收回右腰側，腰向左回轉；右劍指向上、向前（南）穿出，手心向上，肘微屈，劍指略高於頭；眼隨右劍指穿出後，立即轉頭注視左前（東南）方（圖5、圖6）。

要點：

①兩肩鬆沉，兩臂微屈，兩肘微向前牽引；按指和轉頭要同時完成。

②以腰領手，眼隨劍指，當劍指擺至小腹前時迅即轉頭眼視左前方。

3. 踢腿撣手

（1）右劍指向下、向左劃弧屈肘收於左肘前，手心向上，指尖向左（東）；同時，左手持劍屈肘使劍首由左腰側經右手心上向前（南）、向上穿出，劍首略高於頭，劍身扁平，劍尖斜向後（北）下方；與此同時，左腳向前（南）上半步，右腳向左腳前（南）上一步；目視正前方（圖7、圖8）。

（2）上動不停，重心前移，右腿挺膝站立；左腿向前上方直擺踢起，高與胸平；同時，右劍指以手背向前撣擊左腳背後停於身前，劍指高與眼平；左手劍直臂向身後下落，劍身略斜，劍尖斜向上；眼視前方（圖9及圖9側面）。

圖5

圖6

圖7

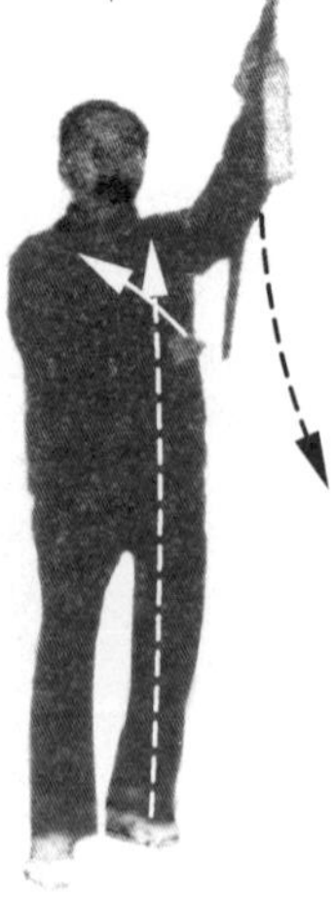

圖8

要點：

踢腿要快速有力，脚尖可勾也可脚面繃平；擤擊要響亮；(1)、(2)兩動作應一氣呵成。

4. 并步亮指

上動不停，左脚下落至離地面約 20 厘米時向前（東）上半步，右脚隨之向前上步與左脚并步直立；同時，右劍指向下、向右、向上直臂繞行至頭部右上方時抖腕亮指，手心斜向上，指尖向左；左手劍同時前移至身體左側微向外展；頭左轉，目視左前（東南）方（圖 10）。

要點：

落脚要穩，上步要輕，眼先注視右劍指，亮指和轉頭必須同時完成。

5. 丁步側指

（1）腰微右轉旋即上體左轉；同時，左脚向左（東）上一步；左手持劍直臂舉起，劍柄高過頭頂，手背向上；劍身緊貼左臂，劍首向東；右劍指隨擰腰、轉體之勢從上向右（西）、向下臂外旋屈肘收於右腰側；轉腰時目視劍指，隨轉體之勢轉頭目視東方（圖 11）。

（2）上動不停，上體繼續左轉，胸向北；右脚向前（東）方上一步，脚尖内扣，屈膝半蹲；左脚迅即收回右脚内側脚掌點地成丁步；同時，右劍指臂内旋向東指出，高與肩平，手背向上；左手持劍隨繼續轉體之勢，臂微向西撑停於身體左側，肘微屈，劍身下垂，劍首向上，手心向前；目視右（東）方（圖 12）。

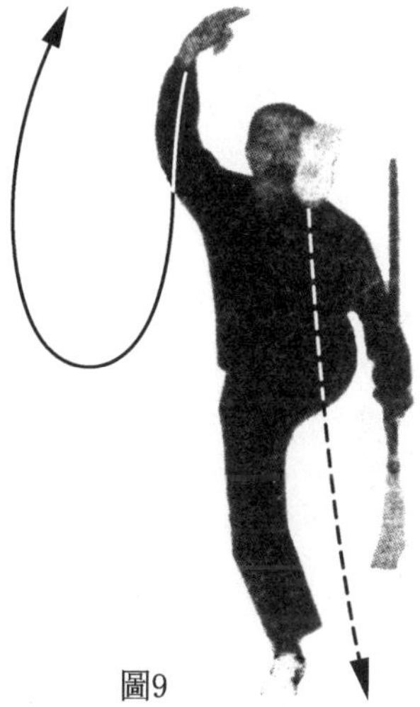

圖9

圖9（側面）

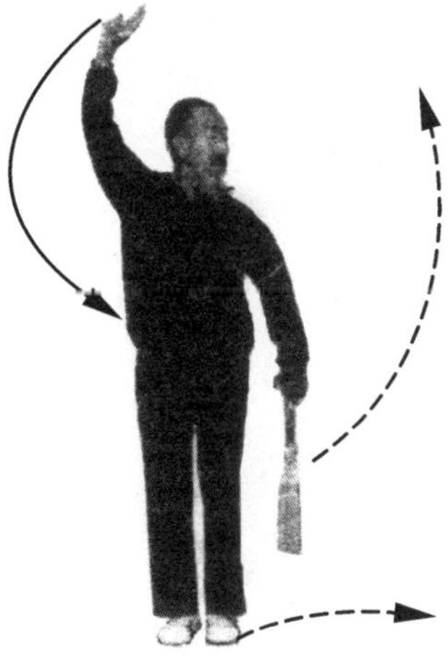

圖10

圖11

要點：

身體正直，右臂伸直，不可聳肩、突臀。

6. 叉步護劍

左脚向左（西）擺步（脚尖斜向南微偏西）；同時，上體向左後擰轉 180 度成叉步；隨擰腰轉身之勢，左手持劍屈肘下落橫劍停於胸前，手心向下，劍身扁平并緊貼左前臂下，劍首向西；同時，右劍指從右向上前臂微外旋亮指於頭部右上方；頭隨身轉，目視左前方（圖 13）。

要點：

右劍指上架要與擰腰轉體同時進行，不可轉體後再上架亮指。

7. 虛步藏劍

（1）接上動，右脚向西上一大步，脚尖内扣；同時，左手持劍以腕爲軸使劍尖從左向下、向右、向上、向左劃立圓約一週，手心向上；右手向體前下落鬆開劍指接握劍柄，掌心向下；目視劍尖（圖 14）。

（2）上動不停，上體稍左轉；重心後坐，右腿屈膝半蹲，左脚撤回半步，脚掌點地成左虛步；同時，右手持立劍向後抽帶，肘微屈，劍首向後（西），劍尖略低於左膝；左手變劍指直臂前指，虎口向上，高與肩平；目視劍指前方（圖 15）。

要點：

兩手交接劍要迅速、準確，抽帶劍、虛步形成與劍指前指要同時完成。

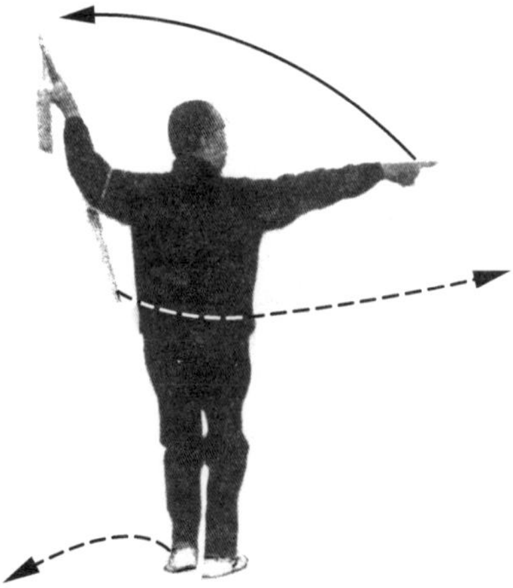

圖12

圖13

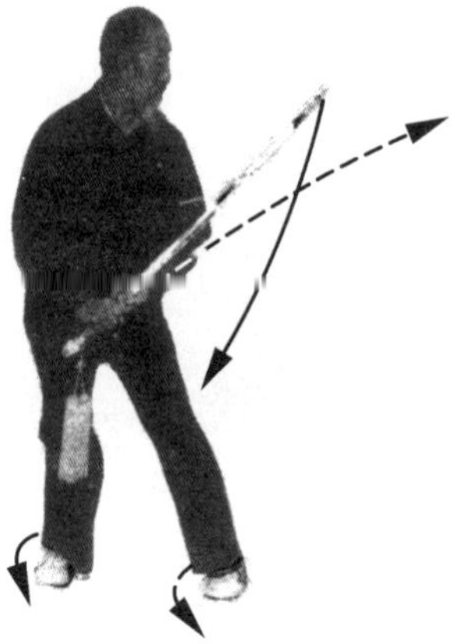

圖14

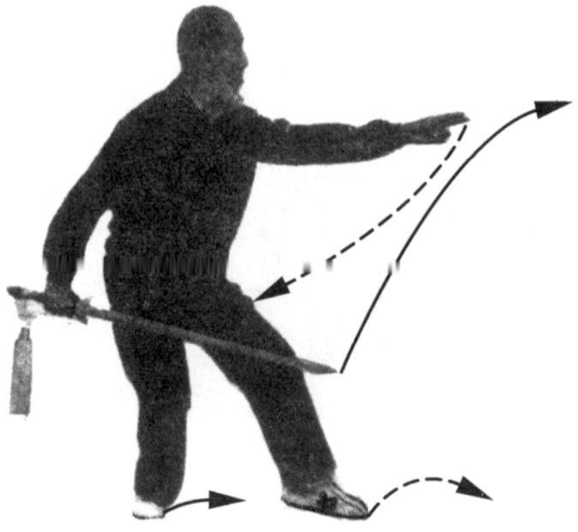

圖15

8. 馬步格劍

左脚向前(東)上半步,脚尖内扣;上體向右擰轉向南;兩腿屈膝下蹲成馬步;同時,右手持劍使劍尖從下向上腕内旋使小指一側劍刃向外横格,劍柄置於腹前,劍尖向東成斜竪劍;左劍指變掌向下、向右收附於右腕上助勁格劍;目視劍尖(圖 16)。

要點:

做馬步,上體要正直,塌腰;兩脚尖正對前方并有向裏内扣的勁;兩大腿須蹲平,膝蓋不得超過脚尖向前跪腿;兩脚中間距離約爲三脚長。

9. 虚步下切

上動不停,身左轉,重心後移,左脚微後收脚掌點地成左虚步;同時右手持劍腕外旋立劍直臂向前下按切,劍柄壓至襠前,劍尖向東;左掌附右腕向下切壓;目視劍身(圖 17)。

要點:

向下按切着力點在劍刃中端。

10. 虚步戳劍

(1) 左脚掌落地踏實,重心前移;右脚提起前擺,脚尖向上;同時,上體稍右轉;右手持劍腕外旋使劍尖從前向下、向右後(西)掛劍,肘部由屈而伸;左掌變劍指向上經胸前向左(東)上方撑架,手心斜向上;目視劍尖(圖 18)。

(2)上動不停,左脚蹬地向前(東)起跳;右脚落地支撑;同時,右手持劍臂内旋使劍

圖16

圖17

圖18

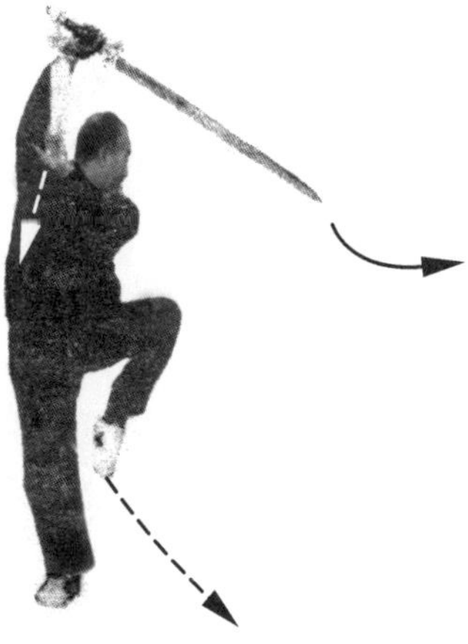

圖19

尖向上、向左繼續上掛於頭部右上方，劍刃上下，劍尖向左(東)并略低於右腕；左劍指從上向右屈肘收附於右前臂；目視前方(圖 19)。

(3) 上動不停，左脚向東落步，膝微屈，脚掌點地，右腿屈膝下蹲成左虛步；同時，右手撐劍抬肘向前下方立劍猛戳，虎口向下；左劍指收於右肩前；目視劍尖(圖 20)。

要點：

跳步要輕靈，落步要穩；掛劍軌跡要成立圓；(1)、(2)，(3)動作要上下協調連貫一氣呵成。

11. 弓步平刺

(1) 上體微左轉，左脚向東上半步，脚尖外擺；重心移於兩腿之間；同時，右手持劍垂肘攪動肩、肘、腕，使劍在體前(劍柄在後)，向左、向上、向右、向下、向前繞一小環，屈肘平劍收抱於腹前，掌心向上；左劍指變掌從右胸前向前移動，附於右手腕部；目視劍尖(圖 21)。

(2) 上動不停，右脚向左脚前(東)上一步，屈膝前弓成右弓箭步；同時右手持劍向前平劍直臂刺出，手心向上；左掌附右腕向前推出；目視劍尖(圖 22)。

要點：

絞劍繞環不過大。(1)、(2)兩動必須連貫協調，弓步與刺劍應同時完成。

12. 虛步戳劍

重心後移，腰微右轉；右手持劍轉腕外旋使劍尖向下、向右後(西)掛劍；同時，右脚

圖20

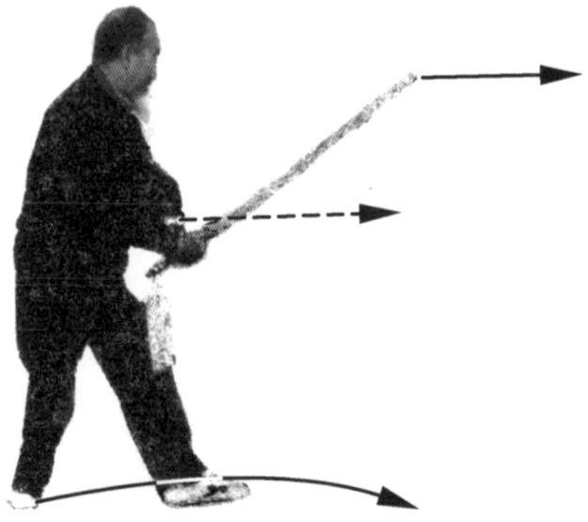

圖21

圖22

提起；左腳蹬地起跳；不停，右手劍向上、向左繼續上掛；同時，右腳落地，屈膝半蹲；隨之左腳落在右腳，前腳掌點地成左虛步；同時，右手劍向前（東）下方戳出，劍刃上下，劍尖略低於右腕；左劍指經胸前向上、向右順勢附於右前臂；目隨劍尖掛劍後，注視前下方（圖 23）。

要點：

力注劍尖，劍柄高過頭頂。

13. 弓步後截

左腳向前（東）上半步，屈膝前弓，右腿蹬直成左弓右箭步；同時，上體微右轉，胸向南；右手持劍使劍向下、向後（西）斜行下截，手臂伸直，手心向下；左劍指向前（東）上伸，手心斜向上；目視劍尖（圖 24）。

要點：

截劍要以腰帶手，動作定型要快速；兩臂和劍身要成一斜直綫。

14. 馬步抱劍

右腳向東上一步，腳尖內扣，左腳跟內展，兩腿屈膝下蹲成馬步；同時，上體左後轉 180 度胸向北；右手持劍隨身體轉動之勢，臂外旋使劍弧形向左（東）上方劃弧斜削，不停，屈肘將劍領抱於左胸前，手心向裏，劍尖

圖23

圖24

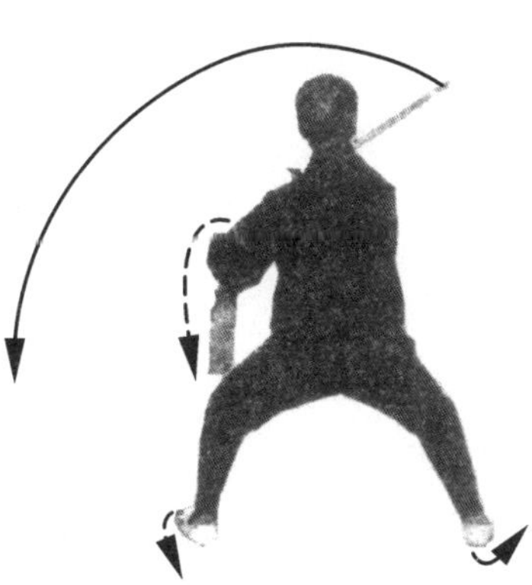

圖25

圖25（附圖）

斜向右（東）上方；左劍指屈肘收回附於右腕內側；目視劍身（圖 25 及圖 25 正面）。

要點：

抱劍時兩手離胸不要太近，左右肘尖相對。

15. 弓步下劈

左脚尖外擺向西，右脚跟外展，上體左轉，左腿屈膝前弓，右腿伸直成左弓右箭步；同時，右手持劍向左（西）下方立劍直臂下劈；左劍指變掌附於右腕；目視劍身（圖 26）。

要點：

劈劍劍身距地面約 20 厘米，力達下刃；劈劍與弓步要協調一致，上身稍前傾。

16. 轉身掃劍

上動不停，左脚跟微外展，左腿繼續下蹲右腿貼近地面成右仆步；同時，上體右轉；右手持劍臂内旋直臂平劍貼近地面由西向東横掃半週，左掌仍附於右腕不變，重心隨同掃劍前移由右仆步過渡爲右弓步；左脚續向正東上一大步，脚尖内扣，右脚以脚跟爲軸隨繼續向西轉體脚尖外擺向西成右弓左箭步；同時，右手持劍繼續由東向西平掃半週，劍尖向西，左掌仍附右腕隨右手掃劍；目視劍尖（圖 27、圖 28）。

圖26

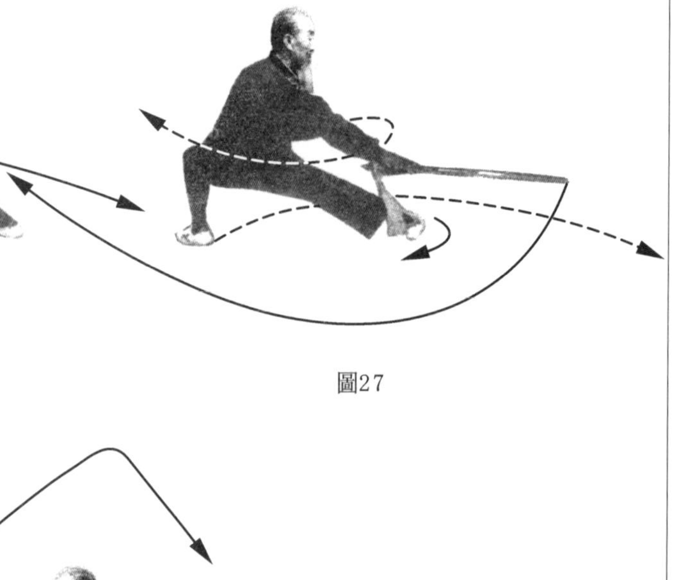

圖27

圖28

要點：

旋轉掃劍一周應一氣呵成，掃劍時劍身要平穩；成右弓步時上身稍前傾。

17. 提膝挑劍

緊接上動，重心後移，左脚蹬地站起直立，右腿屈膝提起，脚面蹦平，脚尖微内扣成左獨立步；同時，右手持劍臂微外旋，直臂立劍上挑至頭部右上方，屈腕使劍尖下垂於右肩後，劍柄停於頭部右上方成斜垂劍；左掌在提膝、挑劍的同時，變劍指從下向上護於右胸前，虎口向裏；目視正前方（圖29）。

要點：

提膝和上挑劍要同時完成；挑劍力達劍尖；提膝時支撑脚五趾抓地站穩，右膝盡量高提；上體中正，兩肩鬆沉。

第二段

18. 腕花劈劍

右脚向正西方前落着地，全脚踏實，重心前移；同時，右手持劍以腕爲軸，立劍以腕在右臂外側向前、向下、向後、向上立圓繞環一週；左脚續向右脚前（正西）方上步；同時直臂向前、向下劈劍，劍身約與腰平；左劍指在劍下劈時順勢向前附於右腕部；目視劍身（圖30）。

要點：

腕花與上步動作要協調；右腕快速用力；向下劈劍與腕花要連續不斷，一氣呵成；劈劍力達下刃。

19. 縱步上挑

上動不停，左脚離地微提，迅即下落蹬地向前（西）方縱步跳起；同時，右脚直擺踢起，高與胸平，脚面綳平；右手持劍直臂立劍向前上方上挑，劍尖向西，劍首略高於肩，劍身與

圖29

圖30

圖31

右臂成斜直綫；左劍指向下、向左、向上抖腕亮指於頭部左上方，手心斜向上；目視劍尖（圖31、圖32）。

要點：

左脚蹬地起跳、右腿向前上擺踢、劍向上方挑，動作應同時進行、協調一致，速度要快，空中動作時，應吸氣。

20. 仆步下劈

上動不停，右腿直腿向西下落，上體微左轉，左脚尖外擺，屈膝下蹲，右脚尖内扣成右仆步；同時，右手持劍從上向前（西）下方直臂下劈；左劍指下落經左胸前向下、向左後、向上劃弧仍亮指於頭部左上方；目視劍身（圖33）。

要點：

落地要輕，仆步要穩，右腿平鋪接近地面，劈劍時伴呼氣，劍身離地約5厘米。三個動作應連接爲一個動作來完成。

21. 仰身反劈

左腿伸膝直起，脚尖稍内扣；右脚順勢直腿向身前踢擺舉起，脚面綳平；身軀隨之擰腰向後仰倒（成仰身平衡）；同時，右手持劍向上經右肩外側向後（東）方直臂劈劍，刃分上下；左劍指順勢伸向前（西）方，手心向上；轉頭，目視劍身（圖34）。

要點：

仰身、舉腿要送髖展腰，使身體平衡，并要與後劈劍同時進行，劈劍力達劍身上刃。

22. 插步劈劍

（1）身軀向右翻轉，右脚向正東方向落步，右腿屈膝前弓，左脚跟外展成右弓左箭步；同時上體繼續右轉；右手持劍直臂下落於右腿外側，立劍，劍尖斜向下；左劍指向上經右胸前附於右前臂上；目視劍尖（圖35）。

圖32

圖33

圖34

圖35

（2）上動不停，上體繼續向右擰轉；右脚尖外展；左脚跟進半步，脚前掌着地；兩膝微屈成叉步；同時，右手持劍臂微外旋，使劍尖向右下方劃弧，手心向上；左劍指向左（東）上方伸出；劍、臂成一斜直綫；目視劍尖（圖 36）。

（3）上動不停，左脚向右脚前方擺動；右脚蹬地起跳；左脚落於右脚前方，屈膝下蹲；右脚向左脚後倒插一步，前脚掌着地，屈膝下蹲；同時，右手持劍臂繼續微外旋，直臂向上、向左經左胸前向左（東）劈劍斜竪劍於身體左側，虎口向上；左劍指變掌下落附於右腕部，手心向下；目視劍身前方（圖 37）。

要點：

（1）、（2）、（3）動作要連貫協調，劍的運動軌迹爲一立圓。跳、插步要輕起輕落。

23. 馬步格劍

右脚向右側（正西）方橫跨一步，脚尖内扣，兩腿屈膝下蹲成馬步；同時，右手持竪劍向右側（正西）方格擋，手臂伸直，手心向前，虎口向上；左掌順勢向左平撑，直臂，掌心向外；轉頭，目視右方（圖 38）。

24. 弓步平刺

左脚尖外擺，上體向左擰轉，右脚向正東方向上一步，屈膝前弓，左腿伸直成右弓左箭步；同時，右手持劍轉腕使劍向右、向下經腹前向東平刺，手臂伸直；左掌順勢附於右腕部；目視前方（圖 39）。

圖36

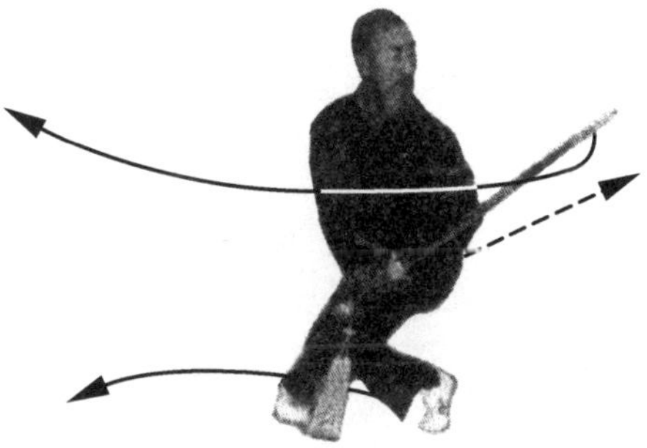

圖37

圖38

圖39

要點：

弓步與刺劍要同時完成。

25. 馬步抱劍

上體左轉，面向北，兩腳掌輾地，兩腳跟轉動，兩腿屈膝下蹲成馬步；同時，右手持劍臂外旋向左抽格帶回，屈臂抱劍於左胸前，手心向裏成斜豎劍；左掌仍附右腕部；目視劍身（圖 40）。

26. 弓步下劈

左腳尖外擺向西，右腳跟外展，上體左轉，左腿屈膝前弓，右腿伸直成左弓右箭步；同時，右手持劍向左（正西）方立劍直臂下劈；左劍指變掌附於右腕部；目視劍身（圖 41）。

27. 轉身掃劍

上動不停，左腳跟微外展，左腿繼續下蹲，腿貼近地面成右仆步；同時，上體右轉；右手持劍臂內旋直臂平劍貼近地面由西向東横掃半週；左掌仍附於右腕不變；重心隨同掃劍前移由右仆步過渡爲右弓步；左腳續向正南方上步，腳尖内扣，右腳以腳跟爲軸隨繼續轉體腳外擺成右弓步；同時，右手持劍繼續掃劍約一周，劍尖向東北；胸亦向東北；左掌仍附右腕隨右手掃劍；目視劍尖（圖 42、圖 43）。

28. 弓步挑劍

接上動，兩腿方位不變；右手持劍臂微外旋，直臂立劍上挑至頭部右上方，屈腕使劍尖下垂於右肩後成斜垂劍；左手掌在挑劍的同時，變劍指從下向上屈肘護於右胸前，

圖40

圖41

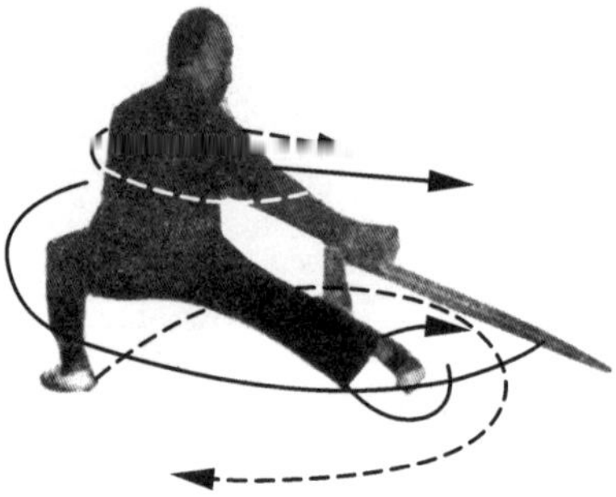

圖42

圖43

虎口向裏；目視前方（圖 44）。

要點：

挑劍時重心微後移，上體中正。

29. 左踢腿

上動不停，劍、臂方位不變，右腿直立支撑；左腿直擺正踢，脚尖勾起；目視前方（圖 45）。

要點：

踢腿要快速有力，脚尖接近前額。

30. 叉步上截

上動不停，左脚向左後（西南）方下落着地，脚尖外擺，右脚脚跟提起脚掌輾地，兩腿下蹲成叉步；同時，腰向左後擰轉，胸向西南方；右手持劍以腕爲軸使劍尖從右肩後向上、向身前、向下，不停，旋臂轉腕向西南方上截，刃分左右，手心向上；左劍指變掌順勢附於右腕内側上截，掌心向下；目視劍尖（圖 46）。

要點：

叉步和截劍要同時到位，截劍劍尖斜向上力達劍身前部。第 29 式、第 30 式兩動要連貫完成。

31. 弓步刺劍

右脚向左脚前（西南）方上一步，屈膝前弓，左脚尖外擺，左腿伸直成右弓箭步；同時，右手持劍臂内旋使劍向右、向上劃弧；隨即旋臂轉腕平劍前刺，劍尖略高於腕，手心向上；左掌仍附右腕前刺；目視劍尖（圖 47）。

要點：

劃弧刺劍要眼隨劍走。

圖44

圖45

圖45（正面）

圖46

32. 弓步領劍

腰微左轉，胸向正南方，左腳外擺，右腳尖內扣，重心左移成左弓右箭步；同時，右手持劍臂微外旋，隨轉腰之勢向左上方領劍，劍首略高於頭，劍尖斜向下，手心向裏；左掌順領劍之勢移擊右前臂內側；目視左掌（圖 48）。

要點：

重心要向左平移；上體稍向左傾斜；領劍力達劍上刃。

33. 提膝下截

接上動，重心右移，右腿直立，左腿屈膝在身前提起，腳尖朝下；同時腰先微向左擰再微右擰；右手持劍以腕爲軸使劍尖由下向上、向左；續旋臂轉腕使劍向右下截擊，劍尖向小腿外，直臂，手心向下成斜立劍；左掌變劍指向頭部左上方架出，臂圓撐，手心斜向上；目視劍身前部（圖 49）。

要點：

提膝下截上體稍右傾，膝盡量高提，截劍力達劍身前部下刃。第 32 式、第 33 式動要連貫不停。

34. 踮步輪劈

（1）左腳經右腳前向西北方落步，腳尖外擺，膝微屈；右腿屈膝，腳跟提起成半坐盤式；同時，腰向左擰，面向東南；右手持劍以腕爲軸使劍向左掛劍；左劍指從上向右、向下附於右腕，手心向下；目視劍尖（圖 50）。

圖47

圖48

圖49

圖50

（2）上動不停，右脚向左脚前（西北）方上步，脚前掌着地成右虛步；同時，上體稍向右擰轉并微前傾；右手持劍繼續向左、向上掛劍；隨即臂內旋使劍向上、向右、向下輪劈，刃分上下，臂伸直；左劍指向下、向左、向上、向右亮指於頭部左上方，臂圓撑，手心斜向上；目隨視劍身（圖 51）。

（3）再重復（1）、（2）的動作各兩次，只是左劍指不再附右腕（圖 52～圖 55）。

要點：

①本動原名"拐李三劈劍"，步法形如跛脚行步，上左脚與左擰腰；上右脚與右擰腰必須上下協調。

②劈劍兩臂要劃立圓，劈劍和亮指必須同時完成，不能有先後。

③圖 50～圖 55 的動作要連貫。

圖51

圖52

圖53

圖54

35. 腕花銼劍

（1）右脚向前進半步，脚尖微内扣，膝微屈；左脚緊跟半步，左腿屈膝半蹲；同時，右手持劍以腕爲軸使劍尖向下、向右、向上、向左劃弧；接着，右手繼續向前下壓并順勢再往前下削，劍尖斜向上，手心向下；左劍指方位不變；目視劍尖（圖 56）。

（2）上動不停，右脚繼續前（西北）滑半步，脚尖微内扣；左脚跟進半步，脚尖外擺；身體重心落於兩腿之間；同時，右手持劍以腕爲軸使劍尖向下、向後、向上、向前繞環前劈，虎口向上；左劍指順勢附於右前臂内側，手心向下；目視劍尖（圖 57）。

要點：

（1）、（2）兩動要連貫不停，滑步要輕捷平穩；挽花、劈劍時防止聳肩、突臂。

36. 虚步前指

上動不停，右脚尖内扣，重心右移，身向左後擰轉右腿順勢下蹲，左脚跟提起成左虚步；同時，以腕爲軸使劍尖向下經右腿外側向前（南）扣轉，刃分上下，劍尖略低於膝；左劍指向下經腹前向南挑指，虎口向上；目視劍指前方（圖 58）。

圖55

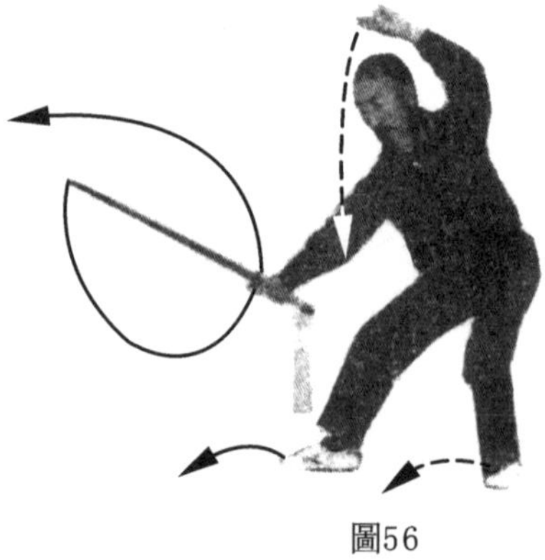
圖56

圖57

圖58

要點：

①第 35 式、第 36 式兩動不能間斷，要一氣呵成。

②擰腰轉身要輕靈、迅疾、突然。

第三段

37. 行步穿劍

（1）左脚向正前（南）方進半步，全脚掌着地，脚尖向前；同時，右手持立劍向前、微向下穿出；左劍指下落附於右腕部；上體微前傾；目視劍尖（圖 59）。

（2）上動不停，重心前移，右脚向左脚前（南）上步，脚尖向前；同時，右手持劍繼續向前穿劍；左劍指仍附於右腕助勁穿劍；上體仍前傾；目視劍尖（圖 60）。

（3）接着左右脚交替向前行步穿劍各做兩次。

要點：

行步要輕靈、迅疾、平穩、連續不斷；行步過程中身軀不要忽起忽伏。

圖59 圖60 圖61 圖62

38. 蓋步帶劍

（1）上動不停，左脚經右脚前向右側（西）方蓋步，脚尖微内扣；右脚跟内展；同時，右手持劍臂外旋復内旋使劍尖向右、向上、向左、向下在體前劃立圓横劍於腹前，劍尖斜向下略低於右膝，刃分上下，手心向裏；眼隨劍走；右脚隨經左脚内側向前（西）上一步，脚尖外擺；同時，右手持劍開始向左上方抽帶，手心向下，劍首約與肩平；左劍指仍附右腕；目視劍尖（圖 61、圖 62）。

（2）上動不停，右手持劍繼續向上抽帶；兩脚交替上步沿圓弧路綫走擺扣步，至右脚在前（步數不限）再接下式（圖 63、圖 64）。

（3）上動不停，左脚經右脚前上一步，脚尖内扣，右脚向左脚前（東）方上一步，脚尖外擺，屈膝半蹲，左腿微屈，脚跟提起成叉步；在右脚上步的同時，上體向左擰轉，胸向東；右手持劍在上左步時繼續抽帶，在上右步的同時臂微外旋轉腕使劍尖向上經臉前順擰腰之勢向西、向下在右胸前平抱劍，劍尖略高於肩；左劍指仍附右腕（圖 65、圖 66）。

要點：

弧形步兩脚擺扣要清楚，行走路綫約一圓週，劍隨身走，眼隨劍走。

圖63

圖64

圖65

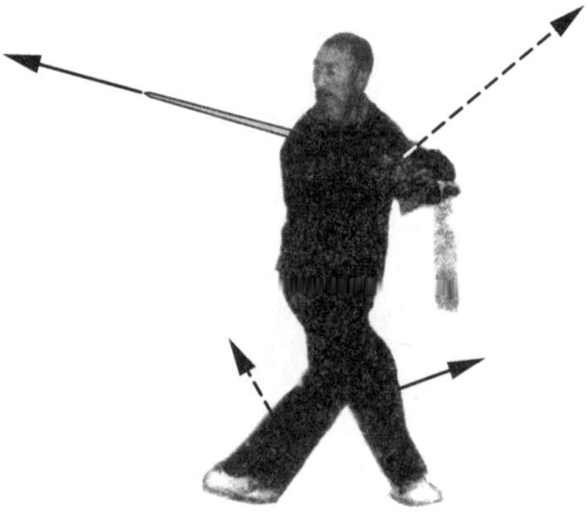

圖66

39. 叉步後刺

接上動，兩腳不動，右手持劍向右後平劍刺出，手心向上，劍、臂成一平行綫；左劍指變掌向左、再微向上分掌，掌心向上，略高於肩；目視劍尖（圖 67）。

要點：

第 37 式、第 38 式、第 39 式三動須連貫不斷一氣呵成。

40. 左拍脚

右手劍、臂方位不變，上體微左轉，胸向正東；右腿直立；左腿向前直擺踢起，脚面繃平；與此同時左掌在額迎擊左脚面；目視前方（圖 68）。

要點：

左掌拍擊脚面要準確、響亮。

41. 左斬右撥　弓步劈劍

（1）上動不停，左脚向前（東）落步，屈膝前弓成左弓右箭步；同時，右手持劍向左前（東北）方直臂平斬，手心向上；左掌下落，臂外旋手心向上托於右腕下；上體稍前傾；目視劍尖（圖 69）。

圖67

圖68

圖69

圖70

(2) 上動不停，右脚向前(東)上一步屈膝前弓成右弓左箭步；在右脚上步的同時，右手劍向前引伸；在形成弓步的同時，右手持劍向右前(東南)方上撥，肘微屈；左掌仍托於右腕下；目視劍尖(圖 70)。

(3) 上動不停，左脚向前(東)上一步屈膝前弓成左弓右箭步；同時，右手持劍臂內旋使劍繼續向右、向上；隨即臂內旋使劍向前(東)直臂劈劍；左掌變劍指下落經體前向左、向上屈臂亮指，手心斜向上；目視前方(圖 71)。

要點：

弓步與斬、撥、劈劍要協調連貫。

42. 行步帶劍

(1) 左劍指下落附於右腕部；上體右後轉胸向南；左脚尖內扣，右脚尖外展，右腿屈膝前弓成右弓左箭步；同時，右手持劍屈臂內旋將劍經胸前向上、向右後抽帶至右胸前，劍尖向南微偏東，劍首向北微偏西，劍身成斜立劍；目視劍尖(圖 72、圖 73)。

(2) 上動不停，兩手繼續向右帶劍；左右脚交替向西行步走三(五、七)步使右脚在前；目視劍尖(圖 74、圖 75、圖 76)。

圖71

圖72

圖73

圖74

要點：

行步時上體要向帶劍方向傾靠；(1)、(2)兩動要連貫、圓活，轉身、行步要迅速、輕靈。

43. 馬步格劍

上體右轉，胸向北方，右腳向後（東）微撤，左腳尖內扣，兩腿下蹲成馬步；同時，右手持劍轉腕使劍尖向上經體前向後（東）直臂橫格，豎劍，手心向北；左劍指在轉腰後由右胸前向西分掌，立掌，掌心向西；目視東方（圖 77 及圖 77 正面圖）。

44. 提膝抱劍

重心左移，左腿直起，以左腳前掌爲軸從左向後旋轉 270 度，胸向正東；同時，右腳蹬地在左腿直立時屈膝提起，小腿內扣，腳面綳平；右手持劍臂外旋，手心向上，隨身體轉動平掃約一週，抱劍於胸前，劍尖斜向上，臂微屈；左掌順勢收回，掌心向上托於右腕下；目視劍尖（圖 78）。

要點：

旋轉要快、穩，頭往上頂；掃劍時右臂由伸變屈要與轉身協調。

45. 弓步刺劍

上動不停，右腳落步於左腳內側，腳尖向前，屈膝前弓，左腳滑步後撤一步成右弓左箭步；同時，右手持劍直臂向前平刺，手心向上；左掌變劍指向左、向後平伸，手心向上；目視

圖75

圖76

圖77

圖77（正面）

劍尖(圖 79)。

要點:

第 44 式、第 45 式兩動須一氣呵成;弓步刺劍時右肩前順,左肩後牽。

46. 劃地帶劍

重心後移,右腳經左腳內側向後退一步,屈膝半蹲,腳尖內扣,左腳跟外展成左橫襠步;胸向南偏東;同時,右手持劍臂內旋隨右轉身之勢向後抽帶,劍柄置於腹前,平劍,劍尖斜向下,手心向下;左劍指屈時收回附於右腕部內側;目視劍尖(圖 80)。

要點:

退步、擰腰、帶劍要協調連貫。

47. 弓步提劍

(1) 上動不停,左腳向右腳前蓋步,腳尖外擺,右腳跟超前腳掌輾地成叉步;同時,腰向右擰轉;右手持劍轉腕外旋使劍尖向下、向右、向上、復內旋向左、向下劍柄置於左腹前,劍尖向東略向下,手心斜向下;左劍指在右手劍劃立圓時離右腕向下經腹前向左、向上,向右、向下在胸前會合附於右腕部;目隨劍行後注視劍尖(圖 81)。

(2) 上動不停,右腳向左腳前(西)方上一步,屈膝前弓,右腳跟外展成右弓左箭步;同時,腰向右擰,胸向西南;右手持劍臂內旋順擰腰之勢向右上提劍,劍柄略高於肩,斜立劍,手心斜向前,劍尖斜向左下方;左劍指仍

圖78

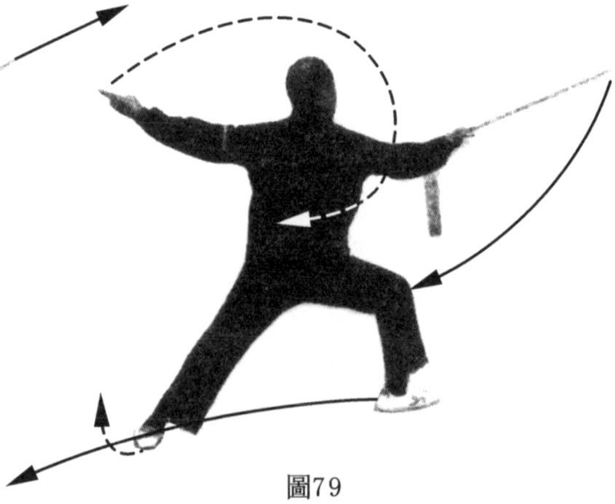

圖79

圖80

圖81

附右腕助勁提劍；目視劍尖（圖 82）。

要點：

（1）、（2）兩動要協調連貫一氣呵成；劍劃立圓時幅度要大；提劍時防止聳肩揚肘。

48. 提膝壓劍

接上動，以左脚前掌爲軸，向左後擰腰轉身，胸向正東，左腿直立，右腿屈膝上提，脚面綳平成左獨立步；同時，右手持劍以腕爲軸使劍尖向前下方順攪一小圓圈後再平劍下壓於體前，劍尖斜向上，肘微屈；左劍指附右腕繞環下壓；上體微前傾；目視劍身（圖 83）。

要點：

左脚碾步轉身獨立容易晃盪，要配合轉腰掌握平衡；轉身、提膝與攪劍要協調。

49. 跳步點劍

（1）右脚向前（東）落步全脚掌着地；左腿前擺上提，脚面綳平成右獨立步；同時，上體右轉，胸向東南；右手持劍臂外旋轉腕使劍尖向右後（西）方下掛，右臂伸直；左劍指向東向上上架，臂微屈，劍指向西；目視劍尖（圖 84）。

（2）上動不停，右脚蹬地起跳；左脚前落，屈膝半蹲，隨之右脚向左脚前下落，脚尖點地，膝微屈成右虛步；胸向東偏北；同時，右手持劍臂微外旋轉腕使劍尖向上、向左、向下繞環并在虛步形成時提腕立劍下點，手臂伸直；左劍指下落在體前劃一小立圓後亮指於頭部左上方；目視劍尖（圖 85）。

（3）接上動，左劍指方位不變，右脚全脚

圖82

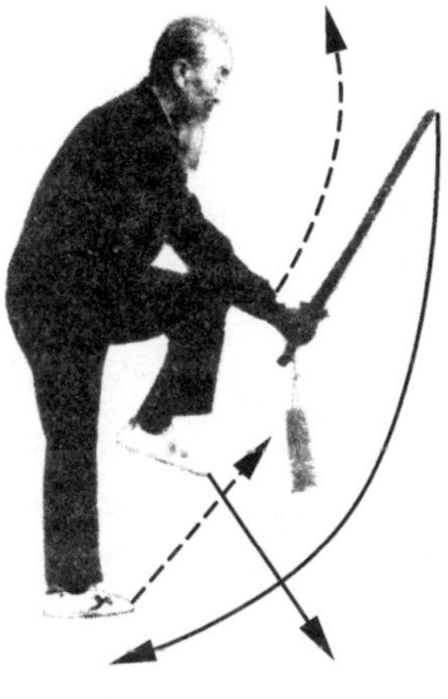
圖83

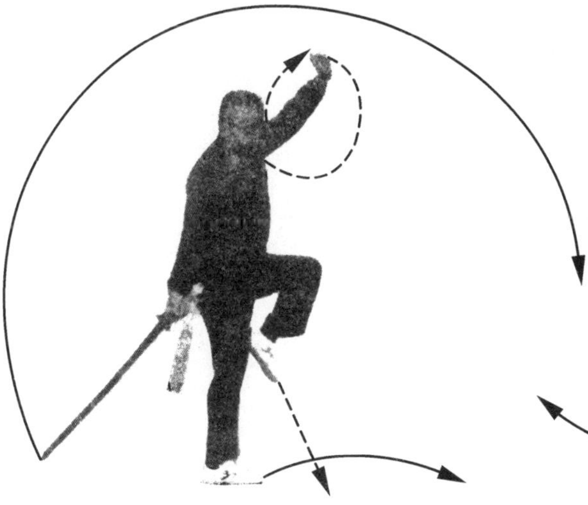
圖84

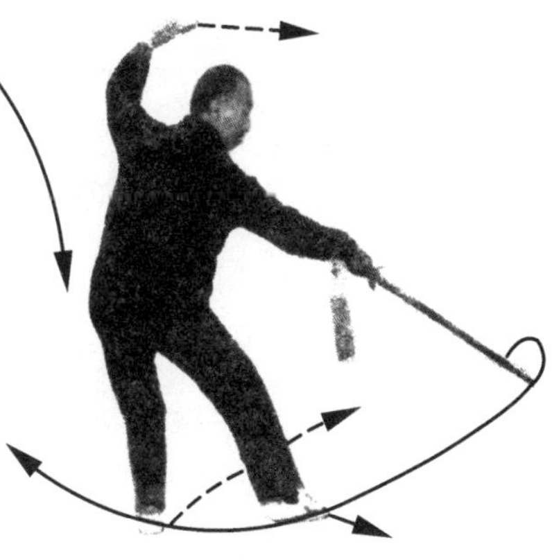
圖85

掌着地；重心前移；左腿前擺上提；上體右轉；右手持劍臂外旋使劍向下、向後下掛；目視劍尖。其餘動作説明同第 2 式，即向前跳步點劍（圖 86）。

跳步點劍要求連做三次。

要點：

跳步要輕靈敏捷，不要跳得太高、太遠；劍在身體側劃弧要走立圓；點劍力達劍尖。

50. 提膝探刺

上動不停，左劍指方位不變，右脚向前（東）方上半步，直立支撑；左腿屈膝後提，膝外展；同時，上體向前下探，胸向東北；右手持劍臂内旋、直臂向前下方探刺，手心斜向後；目視劍尖（圖 87）。

要點：

支撑腿要五趾抓地；上體側探，不可前俯身。

第四段

51. 蓋步裏絞

（1）左劍指方位不變；左脚向後（西）落步踏實，右脚經左脚前向左側（北）方蓋步，脚尖外擺；同時，右手持劍臂外旋，手心向上，繼而以腕爲軸，使劍尖沿逆時針方向繞小環一週，臂微屈；胸仍向東北；目視劍尖。

（2）上動不停，左劍指方位不變；左脚向西上一步；以下動作説明同第 1 動（從“右脚經左脚前向左側（北）方蓋步”起），目視劍尖（圖 88）。

蓋步裏絞重復做三次。

圖86

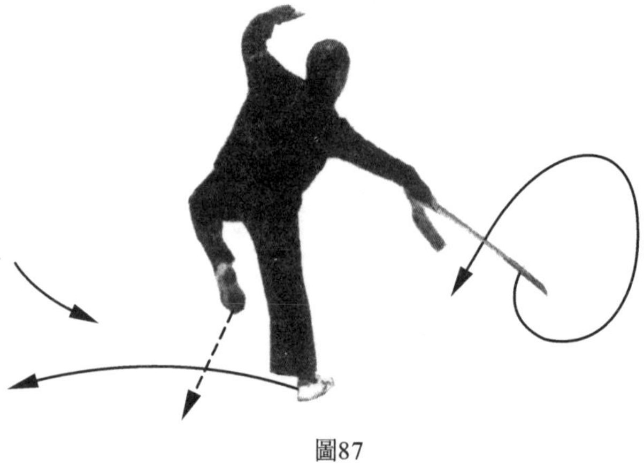

圖87

圖88

要點：

三次蓋步裹絞要連貫不斷一氣呵成。

52. 虛步撩劍

上動不停，左脚向西上一步，脚尖內扣，屈膝半蹲；右脚向前（北）上一步，脚尖點地成右虛步；同時，右手持劍臂外旋向左胸前上撩，手心向上，劍身成斜立劍；左劍指下落附於右前臂內側，手心向下；目視劍尖（圖 89、圖 90）。

要點：

撩劍與上右脚成虛步應協調一致，撩劍力達下刃前部。

53. 提膝壓劍

接上動，左腿直立；右腿屈膝上提；同時，上體微左轉胸向西北；右手持劍臂內旋、扣腕，使劍尖向上、向左方劃弧屈臂平劍下壓，手心向下；左劍指變掌附於右前臂；目視劍身（圖 91）。

要點：

壓劍和提膝要協調、快速；壓劍力達劍身。第 52 式、第 53 式兩動要一氣呵成。

54. 歇步劈劍

（1）右脚向後落步，脚尖外撇；左脚跟外展，上體向右後轉 180 度，胸向東南；同時，右手持劍伸肘使劍尖從左後經體前向右後下方撥劍，臂伸直，手心向下；左掌變劍指收附於右前臂；目視劍尖（圖 92）。

（2）上動不停，重心前移，左脚向右脚前方擺起；右脚蹬地起跳；左脚前落着地；右脚

圖89

圖90

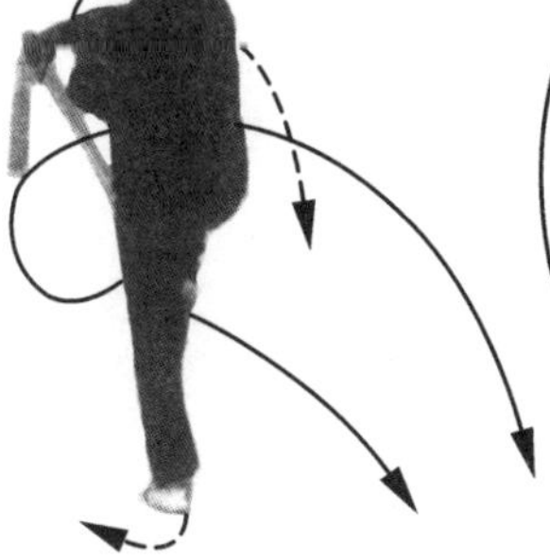

圖91

圖92

向左脚後插步下落；兩腿屈膝全蹲成歇步，上體隨着向右轉；同時，右手持劍臂外旋、轉腕使劍尖由下向上、經體前向左，在歇步形成的同時，向下劈劍，劍柄置於左腹前，劍尖斜向上；左劍指向上、向左、向下、向右劃弧，於劈劍時附於右腕部，手心向下；目隨劍走後注視劍身；此時胸向南（圖 93）。

要點：

劍劃立圓時幅度要大；(1)、(2) 動作要協調連貫一氣呵成。

55. 轉身格劍

接上動，兩腿與身軀直起，以兩脚前掌爲軸從右轉體 360 度，兩膝微屈；胸仍向南；同時，右手持劍成竪劍隨身軀轉動直臂格劍於右肩前，劍身微抖，手心向東；左劍指變掌隨轉體之勢向東平伸，手心向下；目視劍身中部（圖 94）。

要點：

轉身速度要快；在旋轉過程中，頭要正直，兩腿要保持一定屈度。

56. 歇步格劍

(1) 上動不停，兩手姿勢不變；以右脚跟爲軸繼續向右後旋轉格劍，面向北，胸向西；左脚順轉身之勢向東拖步移動；目視劍身中部（圖 95）。

(2) 上動不停，上體繼續右轉，胸向北；兩腿屈膝下蹲成歇步；同時，右手持劍繼續向東南方格劍；左劍指隨轉體架於身體左上方；目視劍身中部（圖 96）。

圖93

圖94

圖95

圖96

要點：

第 55 式、第 56 式兩動必須動作連貫一氣呵成，共轉體 540 度。

57. 弓步托劍

接上動，左脚向左前（北）方上一步，屈膝前弓，右腿伸直成左弓右箭步；同時，上體微向左轉；右手持劍臂外旋使劍順轉腰之勢向前、向左托架於體前，手心向裏；左劍指變掌在體前迎擊右前臂内側；目視劍身（圖 97）。

要點：

弓步與托劍要上下協調一致；托劍力達劍身中部；左手拍擊右前臂要響亮。

58. 歇步截劍

接上動，右脚向左脚前（北）方蓋步，脚尖外擺，兩腿屈膝下蹲成歇步；同時，上體右擰，胸向東；右手持劍臂内旋，使劍向右後（南）方斜行下截，臂伸直，手心向下；左掌向下、向上撑掌，掌心向外；目視劍尖（圖 98）。

要點：

第 57 式、第 58 式兩動必須連續不斷一氣呵成。

59. 弓步托劍

動作説明同第 57 式（圖 99）。

圖97

圖98

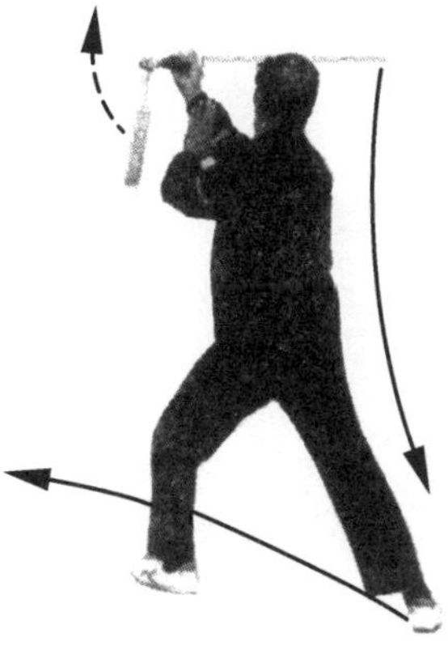

圖99

圖100

60. 歇步截劍

動作説明同第 58 式(圖 100)。

61. 弓步托劍

動作説明同第 57 式(圖 101)。

第五段

62. 左右撥劍

(1) 右脚尖外撇,右腿屈膝半蹲,左脚尖内扣,左腿伸直成左横襠步;同時,腰向右轉,胸向東,上體稍前傾;右手持劍,臂内旋使劍向下、向右弧形撥劍,劍尖向東、高與右膝平,手心向下成平劍;左掌順勢附於右腕部,掌心向下助勁推按;目視劍身(圖 102)。

(2) 上動不停,重心左移,左脚尖微外撇,左腿屈膝半蹲,腰微左轉,胸向東北,右腿伸直成右横襠步;同時,右手持劍臂微外旋,使劍尖向下、向左弧形撥劍,劍尖向體前下方,高與左膝平,手心向上成平劍;左掌仍附右腕回帶;目視劍身(圖 103)。

(3) 上動不停,重心右移成左横襠步;同時,腰微右轉,胸向東;右手持劍臂内旋,使劍尖向下、向右弧形撥劍,手心向下成平劍;左掌仍附右腕部;目視劍身(圖 104)。

圖101

圖102

圖103

圖104

要點：

(1)、(2)、(3)動作要連貫一氣呵成；移動重心要快而平穩；撥劍要有柔勁。

63. 右行步挺劍

(1) 接上動，重心繼續右移，左脚經右脚前向右(南)方上一步；兩膝微屈；胸向南；同時，右手仍持平劍向下、向右、向上推劍，劍尖斜向東；左掌仍附右腕助勁推送；目視劍身(圖 105)。

(2) 上動不停，劍、臂方位不變，隨行步繼續推劍；右、左脚交替經前脚前向南行三、五步至右脚在前；目視劍身(圖 106、圖 107、圖 108)。

要點：

整個動作要瀟洒、輕快、平穩；上體微向右靠；推劍力達劍身。

64. 左行步抹劍

接上動，上體左轉，身微前傾；左脚向左上步，右、左脚交替經前脚前向前上步(共三

圖105

圖106

圖107

圖108

步），使左脚在前；同時，右手持劍臂外旋向前、向左平抹，平劍，手心向上，臂微屈，劍尖稍向右斜；左掌變劍指經腹前亮指於頭部左上方，臂圓撐；頭隨劍轉；目視左前方（圖109、圖110、圖111）。

要點：

基本與第63式同。

65. 右行步挺劍

（1）按上動，上體右轉稍前傾，胸向南；同時，右脚向南上步，脚尖微內扣；左脚尖內扣；兩膝微屈；右手持劍臂內旋向下、向右、向上平劍推出，手心向下；左劍指經體前下落附於右腕部，手心向下，助勁推劍；目視劍身（圖112）。

（2）上動不停，左、右脚交替經前脚前向前（南）方上三步至左脚在前；左劍指仍附右

圖109

圖110

圖111

圖112

腕部隨上步之勢向前推劍；目視劍身（圖113、圖114、圖115）。

66. 提膝探劍

接上動，右脚經左脚前向前（南）上步，脚尖内扣，直立支撑；左腿屈膝上提，膝微外展；同時，腰微左轉，胸向東，上體前（南）探；右手持劍直臂向前（南）下方探刺，平劍，手心向下；左手向左後、向上、向前架於頭部左上方，劍指向南，手心斜向上；目視劍尖（圖116）。

要點：

①上體向右側探。

②膝高提，脚面綳平。

③探刺劍力達劍尖。

第六段

67. 蓋步外絞

（1）劍臂方位不變，左脚向北落步；重心左移，腰微左轉，胸向東北；左劍指向左（北偏西）上舉，手心向上；目視劍尖（圖117）。

（2）上動不停，右脚經左脚前向北蓋步，脚尖外擺；左脚跟上提，脚前掌撑地；同時，右手持劍臂微外旋，以腕爲軸使劍尖沿順時針方向繞環約一週；左劍指方位不變；目視劍尖（圖118）。

（3）上動不停，左脚向西上一步；右脚經左脚前向北蓋步，脚尖外擺；左脚跟提起，脚前掌撑地；同時，右手持劍臂微外旋，以腕爲軸使劍尖沿順時針方向繞環約一週；左劍指方

圖113

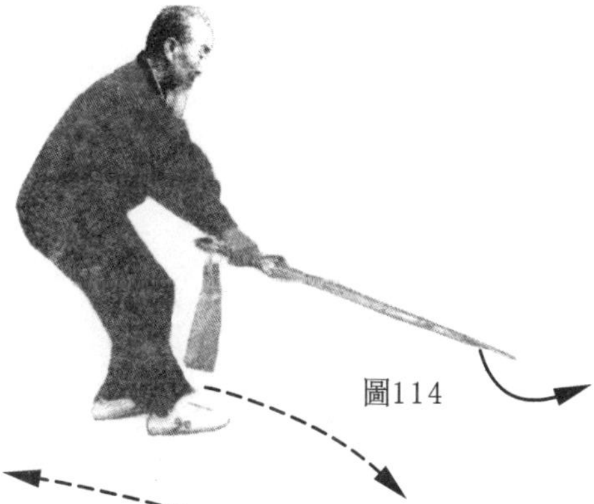
圖114

圖115

圖116

位不變；目視劍尖（圖 119）。繼按此動作再重做一次。

要點：

絞劍要繞立圓；三次蓋步絞劍動作要連貫；本動與第 51 式蓋步裏絞動作、路綫相同，唯絞劍前動是沿逆時針方向，本動是沿順時針方向。

68. 撤步擺劍

（1）上動不停，左脚向西上一步，脚尖内扣（圖 120）。

（2）右脚經左脚内側向西南撤一步，脚尖内扣，屈膝半蹲；左腿伸直成左横襠步；同時，上體右後轉至胸向南；右手持劍臂外旋，手心向上，直臂平劍向右後（西）方擺劍，劍尖斜向上；左劍指不變隨身體轉動停於身體左側；目視東南方（圖 121）。

要點：

擺劍幅度盡量大，姿勢開展；劍臂要有下沉之感；力達劍身中部。

69. 提膝抄劍

（1）上動不停，右腿屈膝全蹲，脚尖稍内扣，左腿伸直成左仆步；同時，上體稍前傾；右手持劍轉腕内旋使劍尖從右向下、向左後抄掛；左劍指向體前下落附於右腕部，手心向下；目視劍尖（圖 122）。

（2）上動不停，身體重心左移；左脚尖外擺；右脚尖内扣；隨之，左腿直立；右脚蹬地屈膝上提，脚面綳平；同時，上體左後轉胸向北；右手持劍隨重心移動繼續向左、向上抄劍；在提膝形成的同時，右手屈肘轉腕外旋使

圖117

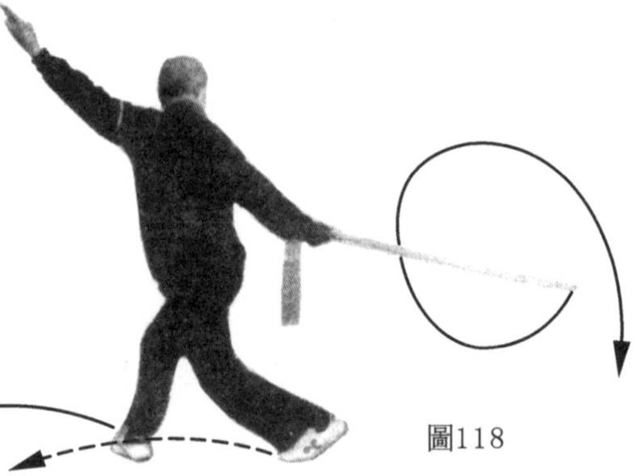
圖118

圖119

圖120

劍尖向東猛倒，橫劍托舉於頭部右上方，手心向後；左劍指仍附右腕不變；目視劍尖（圖 123）。

要點：

（1）、（2）兩動要連貫不停一氣呵成，仆步爲過渡動作，要快速完成使劍一抄而起，力達劍身。

70. 弓步探刺

（1）右脚在左脚內側落地震脚踏實，脚尖外擺；左腿屈膝微上提；同時上體左轉胸向東；右手持劍伸臂前刺；左劍指仍附右腕；目視右手（圖 124）。

（2）上動不停，左脚向前（東）上一步；右脚尖微外擺；同時，上體右轉胸向南；右手持劍臂內旋屈臂將劍橫帶於面前，立劍，手心向南；左劍指仍附右腕部；目視劍尖（圖 125）。

（3）上動不停，左腿屈膝前弓，右腿伸直成左弓右箭步；同時，上體稍前傾；右手持劍直臂向前（東）刺出，立劍，手心仍向南；左劍指仍附右腕肋勁前刺；目視劍尖（圖 126）。

要點：

（1）、（2）、（3）動作必須連貫一氣呵成；震脚要沉、要響。

71. 弓步劈劍

（1）右脚向前（東）上一步，脚尖外擺；同時，右手持劍臂外旋，腕下沉使劍向右前（東南）方外撥，劍尖斜向上，手心向上；左劍指仍附右腕；目視劍尖（圖 127）。

圖121

圖122

圖123

圖124

(2) 上動不停，左脚向右脚前（東）上一步，屈膝前弓成左弓右箭步；同時，右手持劍以腕爲軸使劍尖向右、向上劃一小弧，繼而向前、向下直臂立劍下劈；左劍指向下經腹前向左、向上、向右亮指於頭部左前上方；目視正前方（圖 128）。

要點：

(1)、(2) 兩動要連續不斷一氣呵成；撥劍、劈劍要以腰帶手。

72. 行步帶劍

(1) 上動不停，左劍指下落附於右腕部；上體右後轉而胸向南；左脚尖內扣，右脚尖外展，右腿屈膝前弓成右弓左箭步；同時，右手持劍臂內旋將劍經胸前向上、向右後抽帶至右胸前，劍尖向南微偏東，劍身成斜立劍；目視劍尖（圖 72、圖 73）。

(2) 上動不停，兩手繼續向右帶劍；左右脚交替向西行步走三（五、七）步使右脚在前；目視劍尖（圖 74、圖 75、圖 76）。

73. 馬步格劍

上動不停，上體右轉，胸向北，右脚向後（東）微撤，左脚尖內扣，兩腿下蹲成馬步；同時，右手持劍轉腕使劍尖向上經體前向後（東）直臂橫格，豎劍，手心向北；左劍指在轉腰後由右胸前向西分掌，立掌，掌心向西；目視東方（圖 77 及圖 77 正面圖，也即圖 129）。

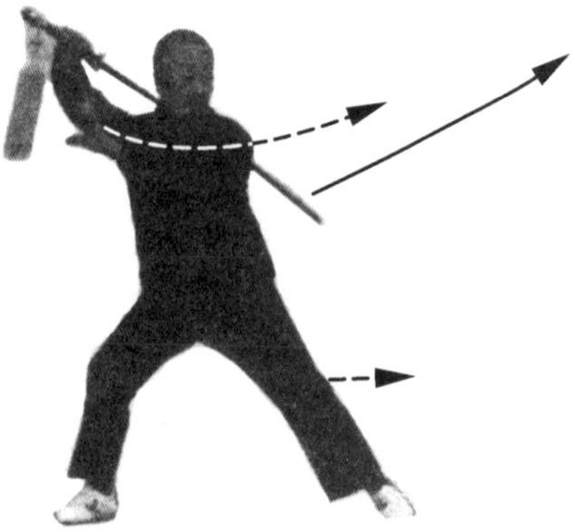

圖125

圖126

圖127

圖128

74. 弓步刺劍

上動不停，左脚尖外擺，右脚向左脚前(西)方上一步，上體左轉，屈膝前弓成右弓左箭步；同時，右手持劍以腕爲軸使劍尖向右、向下經體前向西立劍直刺，手臂伸直，虎口向上；左劍指順勢收附於右前臂内側，拇指一側向上；目視劍尖前方(圖 130)。

要點：

刺劍須經右腰側迅速前刺；右肩前順、左肩後牽。

75. 左右劈劍

(1) 左脚尖外擺，右脚尖内扣，左腿屈膝前弓成左弓右箭步；同時，上體左後轉，面向東；右手持劍臂外旋使劍向上、向東立劍下劈；左劍指微向下經腹腰前向左、向上附於右手腕上；目視前方(圖 131)。

(2) 接上動，左脚尖内扣；右脚尖微外擺；上體右轉胸向南略偏西；右腿屈膝成側弓步；同時，右手持劍臂内旋使劍向上、向後(西)立劍下劈；左劍指變掌向前平伸，掌尖向上，掌心向外；目平視劍身前方(圖 132)。

要點：

左右劈劍要連續完成，動作幅度要大，重心移動要快。

76. 弓步刺劍

左脚尖外擺，右脚尖内扣，左腿屈膝前弓

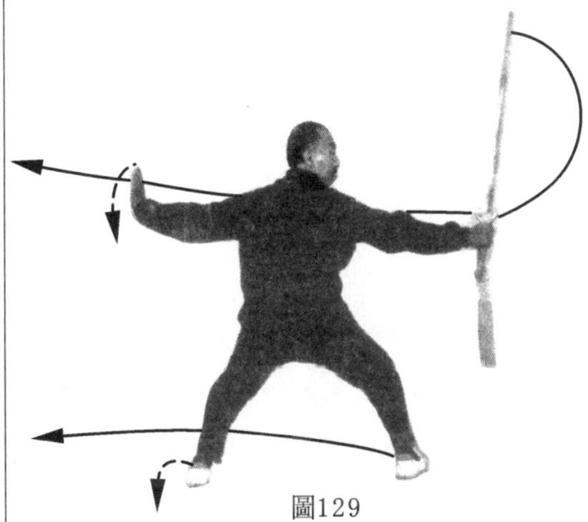

圖129

圖130

圖131

圖132

成左弓右箭步；同時，上體左轉胸向東；右手持劍以腕爲軸使劍尖向下經右腰側向東立劍直刺；左掌順勢附於右手腕上，掌心向下，目視前方(圖 133)。

77. 提膝亮劍

(1) 上動不停，兩脚不動；右手持劍直臂伸腕使劍尖向上成竪劍；同時，左掌在右腕上外旋，使掌心向上，虎口向前；目視劍柄(圖 134)。

(2) 上動不停，兩脚不動；上體右轉；同時，左手握住劍柄向右屈腕、抬肘，使劍尖從上向右、向下、向左，在體前劃弧後指向左前方，劍身貼緊前臂内側；右手成劍指向右後擺動，手臂伸直；目視右手(圖 135)。

(3) 上動不停，重心右移，右腿伸膝站立；左腿屈膝上提；同時，上體稍左轉；左手持劍内旋，用劍首向體前下栽，掌心向外，停於腹前，劍身成竪劍；右手劍指向右上方亮指，手心向上；目視前方(圖 136)。

要點：

(1)、(2)、(3)動作要連貫；兩手交接劍要快、準，右手交左手時，右腕用力使劍稍向上抛起，左手乘勢接住要抓穩。

78. 虚步穿指

(1) 左脚向右脚前下落，膝微屈，脚尖點地；右腿屈膝下蹲成左虚步；同時，上體右轉；

圖133

圖134

圖135

圖136

左手持劍手臂稍直向左側移動；右手劍指從上向右後、向下劃弧，手心向下；目視右手劍指（圖 137）。

（2）上動不停，上體左轉；左虛步不變；左手持劍向左後、向上稍提肘；右手劍指屈腕從下向右上穿出，手心向後；目視左前方（圖 138）。

要點：

右手上穿臂要直，上體正直。

79. 并步按指

左脚向前進半步，脚尖向正（南）前方；重心前移，右脚向左脚內側并步靠攏，兩腿并步直立；左手持劍下垂於左腿側，劍身貼靠於左臂後面；右手劍指從上向下按於體右側，手心向下；兩肘微外撐；上體正直，目視前（南）方（圖 139）。

要點：

頭頂項竪，身軀中正。

80. 收勢

右手五指并攏下垂於體右側；左手持劍下垂於體左側；兩肘微外撐；目視正前恢復成圖 1 式。

圖137

圖138

圖139

武當八仙劍實用示例

防守示例

1. 弓步領劍

如果我處於右弓步刺劍式(圖 47)時,對方持槍從正面向我頭部扎刺,我則當對方刺來時,重心稍後移,持劍的右手臂微外旋,沉肘從下向上用劍身中刃托架對方槍桿首端,手心向裏;重心繼續後移,上體稍左轉,左腳屈膝前弓成左弓步;上體擰腰左轉,右手以劍貼架對方槍桿向左上方斜行帶領;目視劍身中部(圖 140)。

要點:

①自上托架時要擰腰、沉肩、墜肘。

②帶領時要用粘勁貼托住對方槍桿。

③托架、帶領時要以腰帶手,動作連貫協調。

2. 提膝下截

如果我處於上述的右弓步刺劍式,對方用槍刺我腿或膝部,我則右手持劍內旋轉腕,向下截擊對方槍;同時,重心右移,左腿提起,上體稍右傾,左掌變劍指向左上舉;目視劍身前部(圖 141)。

圖140

圖141

要點：

截劍力達劍身前部下刃。

弓步與上托劍要同時進行，上下協調一致，托劍力達劍身中部。

3. 弓步上托

若我處於圖 96 之式時，對方從正面用槍把劈擊我頭部，我則左脚向前上一步成左弓步；同時，上體微左轉，右手持劍，臂外旋，順轉腰之勢向前、向左上托對方槍把，手心向裏；左掌收附於右前臂內側；目視劍身中（後）部（圖 142）。

要點：

4. 馬步抱劍

若我處於左弓步刺劍式時，對方用槍向我左胸或頭部托刺，我則左脚向後撤，上體左轉成馬步；同時，右手持劍向左抽格帶回用劍身中部或前部攔擊對方槍桿上端，左劍指附右腕部；目視劍身中部（圖 143）。

要點：

馬步要平穩，不可聳肩、突臀；抱劍攔擊

圖142

圖143

要勁貫劍身中部。

5. 虛步切劍

若我處於圖 16 之式時，對方用槍刺我膝部，我則身左轉，重心後移，左腳微後收，成左虛步；同時右手持劍直臂下切，用劍的下刃中部切擊對方的槍桿，劍尖向前稍左斜，左掌附於右腕上肋勁向下按壓；目視劍身中部（圖 144）。

要點：

切擊要準、力要下沉，兩臂由屈而伸。

6. 行步帶劍

若我處於圖 59 之式時，對方從正面用槍刺我胸部或腹部，我則上體右轉，右手持劍從左向右帶劍行走；左劍指附右腕助勁右帶；目視劍身中部（圖 145）。

要點：

①帶劍要用劍的下刃中部粘貼住對方的槍桿向右側領帶。

②勁要柔化粘連。

③右臂要有外撐之勁，使對方槍不能觸及自己的身體。

圖144

圖145

7. 左右撥劍

若我處於圖15之式時，對方從正面用槍扎我腹部或襠部，我則左脚向左上步成左弓步；同時，持劍的右手手心向上，用劍刃從右向左側撥擊對方槍桿；目視劍身（圖146）。或右脚向右上步成右弓步，以劍刃從左向右撥擊對方槍桿（圖147）。

要點：

左（右）撥劍要以腰帶手。撥劍要有“滚”“撑”之勁。

8. 弓步下截

若我處於左弓步托劍（圖48）式時，對方從右側方用槍刺我右膝部，我則上體右轉；右手持劍從上向右後方斜行用劍的下刃前部截擊對方槍桿前端；左劍指向左上舉；目視劍身前部（圖148）。

要點：

下截劍要用爆發力，動作干净利落。

圖146

圖147

圖148

9. 馬步格劍

若我處於左弓步平刺劍(圖 72)式時，對方從我右後方用槍刺我頭部，我則上體速右轉，兩腿屈膝下蹲成馬步；同時，持劍的右手前臂內旋轉腕使劍尖向上成豎劍，用劍脊或劍的下刃中部向右後方格擊對方槍桿；左手掌向左前方伸舉，兩臂伸直，目視劍身中部(圖 149)。

要點：

格擊要有向右後的力量，以起到防禦的作用。

10. 攔膝挑劍

若我處於右弓步劈(刺)劍(圖 28)式時，對方從正面用槍扎我頭部，我則重心後移，左腳蹬地站起；右腿屈膝上攔，成左獨立步；同時，右手持劍，直臂立劍上挑，用劍的上刃前部挑開對方槍；目視對方(圖 150)。

要點：

提膝和上挑要上下協調一致；上挑劍力達劍身前部；同時，要有向右的格勁。

圖149

圖150

11. 歇步截劍

若我處於如圖 9 之式時，對方用槍把戳我右膝，我則右脚向左脚前蓋步，脚尖外擺，兩腿屈膝下蹲成歇步，避開槍把；同時，上體右擰，右手持劍從上向右下用劍的下刃中部斜行截擊對方的槍把，手臂伸直，手心向下；左掌向左前方上舉；目視劍身中部(圖 151)。

要點：

向下截劍勁力要沉，歇步形成要快而穩。

12. 轉身掛劍

若我處於如圖 25 之式時，對方從我右側持槍刺我腿或膝部，我則重心速左移，上體微右轉，收右脚，脚尖點地，右手持劍隨轉體從上向右下掛開對方槍，左劍指附右腕部；目視劍身中部(圖 152)。

要點：

轉身要快，在旋轉過程中兩腿要保持一定屈度。

圖151

圖152

13. 提膝抄劍

(1) 若我處於如圖 122 之式時,對方持槍刺我頭部,我則重心左移,左腿直立,右腳蹬地屈膝上提;同時,右手持劍向上抄托對方槍(圖 153)。

(2) 隨之上體左轉,右手持劍隨重心移動繼續向左,向上抄托對方槍;提膝的同時,右手屈肘轉腕外旋使劍尖向右猛捌,讓對方槍刺空(圖 154)。

要點:

向上抄托與屈肘轉腕動作要連續,抄劍時劍要緊緊粘貼住對方槍。

圖153

圖154

14. 側身抽劍

若我處於如圖 39 之式時，對方從右側持槍刺我頭部，我則右脚後退一步，上體右後轉，面對來槍；右手持劍用下刃從前向右，向後平行抽帶對方槍（圖 155）。

要點：

側身抽劍要順勢用力，使對方槍尖向前向上落空，劍身要有向外的格勁。

15. 提膝壓劍

繼上式，即若我處於圖 155 中持劍之式時，對方換式刺我右腹，我則左脚向左上一步，閃開來槍；同時，提右膝，擰腰；右手持劍，臂外旋向轉腕，向劍身後部下壓對方槍，手心向上，成平劍，左劍指附於右腕部；目視劍身（圖 156）。

要點：

擰腰、提膝要快；壓劍要準且沉；含胸拔背。

圖155

圖156

16. 歇步格劍

若我處於圖 155 中持劍之式時，對方持槍刺我右胸部，我則右腳向左腳前蓋步向左閃身，兩腿屈膝下蹲成歇步；同時，右手持劍，屈肘成豎劍用劍身中部格擊對方槍，手臂伸直，左掌向左後方上舉；目視劍身中部（圖 157）。

要點：

格劍要以擰腰帶手，要有爆發力。

17. 弓步托劍

若我處於如圖 17 之式時，對方持槍從正面刺我頭部，我則右腳向右上步，重心右移成右弓步；同時，右手持劍由下向上（頭頂上方）用劍的下刃中部托架對方槍，左手掌附於右肘內側；目視對方（圖 158）。

要點：

架托要有撐、頂勁。

圖157

圖158

18. 弓步劈劍

若我處於如圖 29 之式時，對方持槍刺我右膝，我則右脚向後撤一步成左弓步；同時，右手持立劍從上向下直劈，用劍的下刃劈擊對方槍，左劍指附右腕助勁下壓；目視前下方（圖 159）。

要點：

劈劍時上體微前傾，劈劍與弓步要協調一致。

19. 行步推劍

若我處於如圖 104 之式時，對方持槍刺我右胯（或右膝），我則右側身，左脚向前上一步；同時，右手持劍向右前方斜行推劍行走，用劍的下刃中部推壓對方槍桿、左劍指附於右腕部；目視劍身（圖 160）。

要點：

行步推劍要步步緊逼，使對方退而失利。

圖159

圖160

20. 側身絞劍

若我處於如圖 86 之式時，對方持槍從正面刺我胸部，我則左脚向右脚後退一步，上體左轉，側身；同時，右手持劍用劍身前部後壓對方槍（逆時針方向絞劍）；目視劍尖（圖 161）。

要點：

絞劍要有向左下壓之力，動作要快，幅度不要過大。

防守反擊示例

1. 掄劈劍

（1）若我處於圖 43 之式時，對方用槍向我左腿刺來，我則上體向左轉；同時，右手持劍從下向上、向左下掛劍，手心向裏，用劍的上刃前部掛開槍桿，使對方槍尖扎空；左手劍指護於右手腕上；目視劍尖（圖 162）。

圖161

圖162

（2）上動不停，右脚向左脚前上步，脚尖點地；左腿屈膝半蹲成右虛步；同時，右手持劍使劍尖從左下向左上，向右上方搶掛，并在右虛步形成時向右前方劈擊對方頭部，劍身成立劍，手臂伸直；左手向左上方亮指；目視對方（圖 163）。

要點：

用劍向下掄掛槍桿要準確，力要向左側運行，手臂和劍要含有向外的撑勁；接着，乘對方來不及防備時，快速揮劍劈頭，力達下刃前部。

2. 抽劍探刺

（1）若我處於圖 125 之式時，對方用槍刺我右側胸部或頭部，我則右脚向右後退步，上體右轉閃身避開來槍；同時，右手持劍從前向右後方平行抽領，掌心向外，劍尖向前，用劍的下刃抽格槍桿，使對方槍尖刺空；左手掌護於右胸前；目視劍身前部（圖 164）。

圖163

圖164

(2) 乘對方新力未生之時，我右手掛劍經右肩上向對方頭部直劈刺出，前臂內旋，上體前探；左手掌護於右手腕上；目視對方面部（圖 165）。

要點：

向後抽劍與前探刺要快速連貫，抓住時機，一舉成功；兩腿可成左弓步式，并且後腿蹬地，使探刺力量起於腿，傳於腰，達於臂，發於劍尖。

3. 右斬前劈

(1) 我若處於上述圖 125 之式時，對方用槍刺我頭部或右側胸部，我還可右脚向左脚前蓋步閃身；同時，右手持劍從左向右斬劍，手心向上，用劍的右刃斬擊槍身，使槍尖扎空；左手劍指護於右手腕上；目視劍身（圖 166）。

圖165

圖166

(2) 乘隙，左脚向右脚前上一步，屈膝前弓成左弓步；同時，右手持劍轉腕内旋，從上向下立劍直臂向對方頭部劈擊，力達下刃中部；左手劍指護於右腕上向下按壓；目視劍身中部(圖 167)。

要點：

斬劍爲虚，前劈爲實，故斬劍動作要快速做完，集中力量狠狠劈劍。

4. 壓劍刺喉

(1) 若我處於圖 30 之式時，對方用槍刺我胸部，我則上體微向右擰轉，讓開來槍；同時，右手掛劍，手心向上，劍尖向前，用劍身從左向右、向下於壓槍桿前端，使槍尖刺空；左手劍指附於右手腕上用力助勁；目視劍身中部(圖 168)。

圖167

圖168

(2) 乘對方無力反擊時，我左脚向前上一步成右弓步；同時，右手持劍向對方喉部平劍直刺，手心向上；左手劍指仍附右腕向前送出；目視劍尖(圖 169)。

要點：

壓槍不能多停留，幅度不要太大；向前進步刺劍，速度要快，要準，要狠。

5. 截劍斜劈

(1) 若我處於圖 25 之式時，對方用槍刺我右膝，我則上體向右擰轉，讓開來槍；同時，右手持劍從前向右後下截劍，手心向下，手臂伸直，用劍的下刃截開槍桿，使來槍落空；左手掌向左側上舉；目視劍身(圖 170)。

圖169

圖170

（2）抓住時機，我上體左轉，右腳蹬地起跳，左腳前胯下落，右腳再向左腳後插步下落，兩腿成叉步；同時，右手持劍從右下經右上，向左劈擊對方頭部或面部，劍身成斜豎劍；左手掌護於右腕上；目視對方面部(圖171)。

要點：

叉步與斜劈劍要同時完成，劈劍力達下刃前部。

6. 提膝擺刺

（1）若我處於圖101之式時，對方用槍刺我右腿，我則身體右轉，右腳後撤，讓開來槍；同時，右手持劍從左向右前方推壓槍桿，劍尖斜向左，用劍身中部推開槍身，使槍尖落空；左手掌護於右手腕處；目視劍身(圖172)。

圖171

圖172

(2) 隨即，右腳前逼上步站立，上體左轉，左腿屈膝提起；同時，右手持劍向對方小腿直臂探刺，前臂內旋；左手掌向左上方架撑，維持身體平衡；目視劍尖(圖 173)。

要點：

推槍時，劍臂要向右前方撑格；進步提膝要快，刺劍時上體要側探。

7. 推劍前刺

(1) 若我處於圖 101 之式時，對方用槍刺我右腿，我則按上述“提膝擺刺”中(1)動讓開對方來槍(圖 174)。

圖173

圖174

（2）上動不停，我右脚向前上步成右弓步；同時，右手持劍向前平刺對方喉部，手心向上；左手掌附右腕向前用力；目視劍尖（圖 175）。

要點：

前刺要做到劍和臂在一條直綫上。

8. 翻身撩劍

若我處於圖 45 之式時，對方用槍把戳我後背或後腦，我則左脚向左側上步，脚尖外擺，上體向左後擰轉翻身，閃開槍把；同時，右手持劍手心向上，從下向前上撩擊對方右手腕，力達下刃前部；左手劍指附於右手腕上；目視對方右腕（圖 176）。

要點：

翻身閃開槍把要迅速；撩劍時右腕要用力，撩擊要準。

圖175

圖176

9. 挑劍踢手

若我處於圖 43 之式時，對方用槍從正面刺我頭部，我則右手持劍從下向上直臂挑擊槍桿；同時，左腿向前上直擺踢擊對方左手；左手劍指附於右前臂；目視左脚尖（圖 177）。

要點：

挑劍力達劍身前部；左腿踢擊要準確；右脚支撑要穩。

10. 閃身點劍

若我處於圖 58 之式時，對方用槍托我右膝，我則右脚向左脚前邁步，上體左轉，閃身讓開來槍；同時，右手持劍從上向前下點擊對方左手腕處，手腕上提，力達劍尖；左手劍指舉於左額前方；目視劍尖（圖 178）。

要點：

上步閃身要靈敏、快速；點劍要準確、有力。

圖177

圖178